KB104302

범인은 이 안에 없다

편파적 인터뷰

범인凡人은 이 안에 없다

딴지일보 부편집장 김창규 비범한 여섯 명을 만나다

생각비행

세가와 마키코가 본 김짱 기자

"아는 자는 떠들지 않는다. 떠드는 자는 모른다"라는 중국 속담이 있다. 국경을 넘는 보편적 사실이다. 김짱은 중국 고전과도 같은 기자다. 자기주장이 강한 화려한 사람은 아니나 가슴 속에 활활 타오르는 푸른 불꽃을 가졌다. 여러 세대에 걸쳐 이어져 내려온 것만 같은, 결코 사라지지 않는 조용한 불꽃. 그 안은 뜨거우나 바깥은 차갑고 냉정한 푸른 불꽃.

기자로서 타인에겐 말할 수도 없는 여러 수라장도 지나왔을 것이다. 하지만 결코 힘든 내색을 하지 않는다. 묵묵히 정상을 향해 산을 올라간다. 여러 기자들의 인터뷰에 입회해보았으나 김짱만큼 진지하게 전력을 쏟아 타인의 이야기에 귀 기울이는 기자는 만나본 적이 없다. 더욱이 몇 시간이 걸리더라도 인내심이 강하다. 때로는 며칠간 계속되더라도. 정말로 놀랐다.

기자로서뿐 아니라 편집자로서도 김짱은 훌륭하다. 일본 주간지

일로 몇 번인가 김짱과 함께 일한 적이 있다. 일본 편집장보다도 나은 점이 있는 그의 발상과 센스 덕에 늘 상상을 훨씬 뛰어넘는 좋은 결과를 냈기에 우리에게 그는 즐거운 '서프라이즈'다.

편집이나 기사에도 가끔 장난꾸러기마냥 유머를 넣어 비꼬아서 우리를 당황케 하지만, 근본에는 '자신과 다른 가치관, 세계관, 문화권에 사는 타인'을 이해하고 공감하려고 하는 겸손함과 다정함이 있다. 대개 사람들은 자신의 상상을 넘어선 사람과 세상을 두려워하거나, 자기 방어 본능에 따라 이해할 수 없는 일을 배제하거나 차별하려고 한다. 김짱은 그 반대다. 미지의 일, 상상을 뛰어넘는 일이나 인물에 대해 "알아보자!"라는 자세로 임한다.

예전 《산케이신문》에 있던 시절, "신기한 짐승"이라 불리며 남존여비 우익 기자들에게 배제당하던 나를 필사적으로 이해하려고 그가 인터뷰라는 명목 아래 반나절이 넘는 시간을 할애해준 일이 있었다. 일본인은 섬나라 근성 때문에 다른 나라나 문화를 이해하려는 능력이나 그 토양이 빈약한데, 그 부분마저 이해하고 포용하며 일본 미디어를 대하는 김짱 기자의 속 깊은 마음에 감동했다. 올해 2016년은 김짱 기자가 한일 양국 미디어에 '평화의 다리'가 되어주길 기대한다.

Japan Fixers & Journalists Network 대표

국경 없는 기자회 일본 특파원

세가와 마키코

투덜거리며 쓰는 서문

1.

인간은 인간으로 성장한다. 인간의 크기는 나이와 무관하다. 영향력 있는 인간과 훌륭한 인간 사이에는 아무런 관계가 없다.

2.

《딴지일보》 기자다. 8년차다. 어쩌다 보니 첫 직장이고 현재까지 유일한 직장이다. 다른 곳을 안 다녀봐서 비교는 못 하겠으나 비굴함을 몸에 갖출 필요 없고 만나고 싶은 사람 대충 다 만날 수 있는 것이 장점이 아닐까 한다.

한 분야에서 제법 일가를 이루었다는 사람부터 사이즈 있는 범죄자까지 만나다 보면 느끼는 바가 있다. 사람을 정밀히 보는 좋은 방법은 사심을 줄이는 것이랄까. 사심을 줄인 만큼 시야가 깨끗해진다. 그렇다고 내가 그렇다는 건 아니고 약간 그렇다. 스스로 납득할 수 있는 의미 있는 일을 해버리면 내일 죽어도 좋다는 생각을 가지고 산다. 막상 그렇게 할 수 있을지는 모르겠지만 묘하게 '에라 모르겠다'나 '될 대로 되라'는 느낌으로 살아가는 편인데 포장 좀 해봤다.

3.

어릴 때부터 일대일 대화를 제법 좋아하는 편이다. 좀 재밌는 녀석이 있다 싶으면 일면식도 없는데 다짜고짜 찾아가 맛있는 걸 사주곤 이것저것 물었다. 옷이나 물건을 사는 데 쓰는 돈은 그렇게 아까울 수 없는데 그리 쓰는 돈은 아깝지 않았다. 안타깝지만 지금도 그렇다. 그래서 내 친구들은 대개 다 그렇다. 지나고 보니 다들 좀 사회부적응자랄까, 꽤 이상해서 지금 생각하면 잘못한 것 같다. 이젠 돌이킬 수도 없다. 아.

교장 선생님과 대화를 하고 회의록을 작성하는데 어투와 분위기, 느낌을 그대로 적어내 "회의록을 이딴 식으로 작성하냐"고 선생님께 혼난 기억이 있다. 유시민은 공부 잘해서 막 대들어도 혼 안 났다는데 난 학생회장이라도 혼났다. 공부를 막 소름끼치게 잘한 건 아니라 그랬나 보다. 젠장.

군대에서도 짬밥을 먹고 나서는 질문 수십 가지를 만들어 한 사람씩 돌아가며 물어보는, 그러니까 '수양록' 대신 '잡담록'을 만드는 게 낙이었다. 그냥 그런 게 좋았다. 이 책을 엮은 생각비행 출판사

조성우 팀장이 휴가 기간에 서문을 적으라 닦달해서 딱히 적을 건 없는데 적고 있다는 점 또한 독자분들이 알아주셨으면 더 좋을 것 같다.

4.

책에는 여섯 명의 인물을 담았다. 가나다순으로 강준만, 유시민, 유홍준, 이외수, 이철희, 주진우다. 박원순과 허정무도 있지만 두 사람이 워낙 바쁠 때 점심 먹으면서 한 인터뷰라 안 그래도 대충하는 성격인데 너무 대충해서 양심상 뺐다. 내가 그 정도 양심은 있다.

책에 실린 여섯 명 모두 뭔가 그럴 듯한 이유로 만났다 말하고 싶지만 그런 거 없다. 인터파크 북디비에서 작가 인터뷰 용병으로 뛰어달라는 요청이 들어왔고 《딴지일보》에 동시 연재해도 된다 해서 신간이 나올 때마다 재밌을 것 같은 저자를 만나러 놀러 갔다. 고료 말고는 따로 돈 받는 것도 아니라 정말 잡담하러 간 거다. 인터뷰한 사람들의 면면을 보면 알겠지만 그깟 홍보 때문에 머리를 숙일 레벨도 아니다. 그래서인지 인터뷰는 대부분 샛길로 빠졌다. 담당자분들 마음이 광범위해 그냥 하고 싶은 대로 하게 내버려주었다. 담당자였던 인터파크 북디비의 송지혜, 강서현, 주혜진 님께 고맙다. 원고료를 더 주었으면 더 고마웠을 텐데 여튼 그렇다.

다만 딱히 목적 없이 잡담하러 간 것이고 기사용으로 작성하다 보니 내용을 꽤 팍팍 쳐냈다. 면면을 좀 더 드러내지 못한 것이 아쉽다. 오프 더 레코드나 잘라먹은 부분도 붙였으면 재밌을 것 같은데 녹취를 언제 다시 다 풀고 앉아 있냐는 생각에 관뒀다. 취재한 걸 엮어서 책으로 낼 줄 알았지 인터뷰를 엮어서 책으로 낼 줄 알았나 뭐. 다음에 여유 있으면 좀 더 제대로 하는 게 좋겠지만 성격상 그럴 것 같지는 않아 서문을 빌어 인터뷰에 녹여내지 못한 여섯 명의 면면을 이야기해본다.

5.

강준만은 크다. 지나칠 정도로 크다. 인터뷰를 하려면 그 사람 저서는 다 읽고 가야 하는데 한국에 그런 사람이 몇 명이나 있을지 모르겠다. 그의 팬을 자처하는 나 역시 마찬가지다. 강준만은 한국이 가진 보물이고 끝없이 재평가되어야 마땅하다. 농부로 치면 미대륙의 대지주 같은 느낌이랄까. 비행기 타고 부아아앙 씨앗을 뿌려버리면 그냥 쑥쑥 난다. 다 난다. 우리가 다 못 먹어서 막 세계로 수출해야 된다.

유시민은 남도 알고 스스로도 아는 사람이다. 그 정도 나이에 그 정도 산전수전 겪으면 다 그렇지 않나 하지만 내가 보기엔 몇 안 되는 그런 사람이다. 사람이라면 그걸 잘 이용해 어떤 이득을 노리려 하는데 유시민은 딱 적정 한도까지만, 너도 좋고 나도 좋을 때까지만 그런다. 남도 알고 스스로도 알기에 남도 존중하고 스스로도 존중할 줄 안다. 그게 대화의 재미를 더한다. 정치할 때 한창 싸가지 없다는 말을 들었는데 난 잘 모르겠다. 그건 유시민이 이상한 게 아니라 한국이 이상한 거다.

유홍준은 고전미가 있다. 살면서 이 정도로 싫을 때 싫어하는 티 팍팍 내는 사람 처음 봤다. 그런데 매력이 굉장해서 그걸 요리조리 피해 쏘옥 들어가 보고 싶은 맛이 있다. 학자라면 이런 맛이 있어야 된다고나 할까, 사람 자체에 고전미가 있다. 처음 대면하는 순간에는 모르겠는데 얘기하다 보면 점점 '으잉? 이건 뭐지?' 하고 그 맛과 멋이 우러난다. 시작할 때는 제일 어긋났는데 마지막에는 제일 더 말하고 싶은 사람이었다. 문화재를 많이 보면 닮아가는 건가. 으음.

이외수는 소설가가 아니다. 비장한 느낌이라 싫지만 굳이 한 단어로 규정하라면 '수행자'라 하겠다. 헌데 스승 없는 수행자랄까, 호기심 많은 수행자랄까. 젊었을 때 실제 어떤 느낌이었을지는 타임머신 타고 가지 않는 이상 알 수 없다. 그러나 지금의 그를 만나면 말투나 아우라, 자세, 눈빛에서 '아, 이런 사람이 어른이구나' 하는 느낌이 온다. 다만 그는 홀로 이외수가 아니라 사모님이 곁에 있어

비로소 이외수랄까. 인터뷰 때 계속 그를 걱정하는 사모님의 모습에서 그런 인상을 받았다.

이철희는 화끈하다. 의외였다. 회사에 강의하러 가끔 오긴 하나 정식으로 그를 만난 건 처음이었다. 칠 때 치고 빠질 때 빠진다. 술 한잔 마신 상태여서 더 그랬는지 모르나 속내를 드러내면 싸움꾼 기질이 있다. 자신감도 있다. 글과 말이 이 사람이 가진 무기의 전부는 아니다. 링 위에서 제대로 싸울 때 어떤 면모를 보일지 보고 싶다. 아니, 보고 싶게 만든다.

주진우는 묘한 이중성이 있다. 회사에서도 자주 보는 무뚝뚝한 형이고 이렇게 적어 놓으면 '뭐 이 자식아' 할 것 같지만, 정말 그렇게 느껴지니 어쩔 수 없다. 엄청 평범한데 엄청 평범하지 않다. 속으로 화나 슬픔이 쌓여 있는 감은 오는데 그걸 계획도시의 아파트처럼 속으로 속으로 정교하게 쌓아놓았다. 그 불안함과 안정성이 묘하게 마음을 놓게 만들거나 흔드는 구석이 있다. 다 이해해줄 것 같은. 그래서 막 쏟아내게 만드는. 천성인지 학습인지 모르겠다. 걍 부럽다.

6.

대화를 나누다 보면 다들 가슴을 울렁울렁하게 하는 지점이 있다. 내 기준에 평범한 사람이 아닌 사람, 즉 범인이 아닌 사람은 그런 느낌을 주는 사람이다. 울렁울렁.

하나 더 있다. 스스로의 인생을 스스로의 기준대로 사는 사람이다. 인생에서 본인이 내려야 할 결정의 어떤 부분을 남에게 맡긴다면 그 부분은 남의 인생이 된다. 자신의 인생을 남의 판단과 기준에 맡기는 인간, 자신이 행복해지기 위해 무엇을 해야 할지 고민하지 않는 인간, 나는 그런 인간이 세상을 망친다고 생각한다. 한국에서만큼은 스스로의 기준대로 사는 사람들이 범인이 아니다.

이런 이유로 책 제목을 '이 안에 범인은 없다'로 지었다. '그럼 너는 뭔데?' 하고 묻는다면, 가끔 목욕하고 거울 보면 나도 울렁울렁한다.

여튼 인간은 인간으로 성장한다. 인간의 크기는 나이와 무관하다. 영향력 있는 인간과 훌륭한 인간 사이에는 아무런 관계가 없다. 나는 그렇게 생각한다. 이 점에 대해서는 확실히 해두고 싶다.

이쯤에서, 조성우 팀장이 시킨 서문 끝.

2016년 1월 12일 새벽 5시 1분

김창규 혹은 죽지않는돌고래

차례

이 철 희

이기는 싸움에 대하여

이성계를 찾는 남자, 이철희를 만나다

162

주진우

강 준 만

전북대학교 교수, 논객

당대에 룰을 바꾼 남자

강준만은 용이었다. 《김대중 죽이기》《노무현과 국민사기극》《노무현과 자존심》. 《조선일보》가 수십 년간 쌓아온 이데올로기가 이 세 권의 책에 흔들렸다. 게임의 룰이 당대에 바뀌었다. 그는 스스로 원하든 원치 않든 야권 집권 이데올로기를 만들어낸 남자다. 《인물과 사상》은 비판의 룰을 당대에 바꿨다. '실명 비판'이 한국에서 가능할 것이라 상상이나 했던가. 그건 17 대 1의 싸움 정도가 아니라 일기당천一騎當千이라 할 만했다.

강준만은 지난 5월 《개천에서 용 나면 안 된다》를 출간했다. 여전히 제목이 도발적이다. 인터뷰는 핑계일 뿐 사실 꼭 한번 만나고 싶었다.

대가 강준만을.

과거에 없던 강함, 강준만을 만나다

개인이 용이 돼도 전체의 용이 되지 않는다

김창규 왜 개천에서 용 나면 안 됩니까?

강준만 '개천에서 용 난다'라는 말은 한국인의 피부에 가장 와 닿는 본능에 가까운 이념이죠. 우리가 수입한 서구의 이념은 결국 우리 몸에 체화된 속담 형식의 바탕 위에 세우게 되는데, 거기에 개천에서 용 나는 모델을 항상 깔고 갑니다. 《한겨레》《경향신문》 검색해 봐도 개천에서 용 나는 사회를 주장하는 기사가 많은데, 이거 안 맞아요. 안 맞는데 개천에서 용 나는 모델로 자꾸 끌고 간단 말이야.

김창규 다 용이 될 수 있다고 착각하죠.

강준만 그게 참 불가사의하더라고. 이거 안 맞는데 왜 이렇게 계속 갈까? 진보적인 주의, 주장, 어떤 정책을 봐도 그런 게 다 숨어들어가 있어. 노동 문제도 개천에서 용 난다는 카테고리로 분류되니까. 결국 저 위에까지 끌어올리는 게 진보의 역할같이 되어버린 거예요. 어느 세월에? 삼성 노동자랑 하루 벌어 하루 먹고 사는 노동자랑 같나요? 노사로 갈라 보는 모델 자체를 의심해봐야 되는데, 그걸 의심하면 보수라 하고. 웬만해선 다들 진보, 보수 나눠서 싸우는데, '개천에서 용 난다'를 깔고 가면 안 맞는다는 거예요.

김창규 그게 이론적 면죄부잖아요. '개천에서 누구나 용이 될 수 있으니까 한국 사회는 괜찮은 거다.' 진보적 교수들조차도 속으로는 다 서울에 있는 대학 가고 싶어 하는 것처럼. 겉으로는 평등, 진보, 분배를 주장하지만.

강준만 진보도 결국 발언권을 가지려면 한국의 기본적인 학벌과 문법에 의해서 어떤 위치에 올라가야 발언권을 갖는 거예요. 한국 정부 특성이 다 엘리트잖아요. 엘리트 코스를 학벌로 보건 뭐로 보건 엘리트 코스를 밟은 사람만 지휘를 한다는 거죠. 결국 이 사회에서 발언권을 갖고 리더십을 행사하려면 진보건 보수건 개천에서 용 나는 모델이 돼야 한다는 건데, 다들 그렇게 커왔기 때문에 그걸 자연스럽게 생각해요.

김창규 그것을 바꿀 대상으로 의심조차 안 하고 그냥 체화되어 있기 때문에 어쩔 수 없다? 아니, 없었다?

강준만 지방에서 제일 실감 나는 게 뭔지 압니까? 인재 육성 전략은 무조건 서울 명문대 보내는 거예요. 이게 지역 발전 전략이에요. 초등학생이 들어도 말이 안 되는 거야. 모든 지역이 그렇지만, 전라북도 고등학생 가운데 가장 똑똑하고 유능한 인재를 서울로 보내는 게 지역 발전 전략이다? 지난 반세기 넘게 아니라는 게 입증됐죠.

김창규 안 내려오니까.

강준만 내려와 봐야 한번 도지사나 해볼까, 금배지나 달아볼까, 성공하려고 몇 명 내려오지 안 내려와요. 그런데 지방에서는 어떻게 해서건 서울로 보내려고 하고. 웃기잖아요. 전북 도민 개개인의 이익과 전북의 이익은 맞지 않아요. 전북 도민 개개인의 행복은 자기 자식 일류대에 보내는 것 아니겠어요? 시장 기능에 의해서 우수한 인재를 서울로 보낸다는데, 이게 한국인의 상식인데 그걸 어떻게 막습니까?

지역에서 지역 대학을 키우고 지역 인재를 많이 남게끔 해야 무슨 혁신도 이뤄지고 아이디어도 나올 텐데, 공적 자금이니 국민의 성금이니 그 돈으로 다 서울 보내놓고 뭐가 나옵니까? 안 나오잖아요. 전국 지방이 다 그렇습니다. 세미나만 열면 인재가 생명이라 그러는데, 인재가 없는데 그게 돼요? 차라리 솔직하게 인재 육성 전략하지 말고 지역 발전 하지 말자, 이렇게 말하라 이거야. 그냥 못난 놈 지방에 사는 거고, 잘난 놈 서울에 가는 거라고. 말을 차라리 그렇게 하면 이해가 쉬울 텐데 무슨 지역 발전 전략이라고 사기를 쳐요.(웃음)

명쾌했다. 그런데 말입니다, 정작 강준만은 용이 되고 싶지 않았을까.

서울 욕심, 감투 욕심 없었나

김창규 그런 교수님은 서울 욕심 없었습니까? 교수들은 다 서울 가고 싶어 하잖아요. 용 돼야 하니까.(웃음)

강준만 저는 스스로를 기회주의자라고 즐겨 불러요. 제가 기회주의자인 이유가 전북대 처음 왔을 때 조금 있다 서울로 옮겨갈 생각을 가지고 있었어요. 여기 와서 1년 뒤 결혼을 했는데, 수업 끝나면 학생들하고 술을 먹었어요. 학생들하고 있는 게 좋았어요. 하루 건너 하루 먹고. 그런데 허물이 없어지니까 학생들이 그러는 거예요. 서울 언제 가냐고. 다 알죠. 그냥 거쳐 가는 곳이라는 거. 뜨끔했습니

다. 속마음을 어떻게 알았지?(웃음)

그 질문이 반복되다 보니까 어떻게 해야 되나 싶더라고요. 그때는 매주 서울 가고 학회 활동도 활발하게 했어요. 왜냐면 서울에 간다는 게 좋건 안 좋건 정치가 필요한 거 아닙니까. 근데 제가 좀 고지식한 게 있는데, 나름 고민하다가 '서울, 꼭 가야 되나? 여기서 어떻게 해보면 안 되나?' 하며 '에이, 그까짓 거' 하고 선언했습니다. 나 서울 안 간다고. 서울 가던 것도 다 그만뒀어요. 소신이 있었던 게 아니라 그래서 그렇게 된 거예요.

그래서 그렇게 된 거라니. 말이 쉽다. 그가 학자로서, 저자로서 한국에서 가장 뜨거웠을 때다.

김창규 학사 전공과 석사 전공이 다른, 그러니까 교수님처럼 독고다이로 된 사람은 지방에 있으면 더 괴롭지 않나요? 마음대로 비판할 수 있는 자유는 있을지 몰라도 싫어하는 사람도 많았을 것 같은데.

강준만 교수는 성균관대에서 경영학 학사를, 조지아대 대학원에서 신문방송학 석사를, 위스콘신대 대학원에서 신문방송학 박사를 했다. 끌어줄 사람이 전무했다는 말이다. 교수 사회가 오롯이 실력 사회라는 뻥은 잠시 접어두자.

강준만 처음에 와가지고 여기저기 글을 써제꼈더니 저를 좋게 보던 분이 애정을 갖고 말했어요. 그러면 안 된다고. 무슨 뜻이냐면, 제가 학부랑 대학원 전공이 같아서 거기에 소속됐더라면 누군가 애정을 갖고, 스승이든 선배든 좋은 의미의 통제를 했겠죠. 근데 저는 통제 바깥에 있죠. 통제 바깥에 있지만 그분이 '너 너무 그렇게 나가면 안 된다'며 선의의 충고를 해준 겁니다.

원래 군기 잡는 기수 문화라는 게 '내가 위 기수에 당한 만큼 아래 기수를 잡을 수 있다'라는 주고받는 거래 관계 아닙니까. 그러니까 그 기수 문화에 편입되는 거고. 검찰, 군인들 다 그렇지 않겠어요? 그 흐름에서 빠졌다고 하는 것이 자기 자신에게 어떤 큰 영향을 미치죠.

김창규 아무리 그래도 소속을 여기 두고 그 정도로 거칠 것 없이 비판하면 노골적으로 싫어하는 사람도 있었을 텐데요. 이름을 날리는 데에 대한 질투도 있었을 거고.

강준만 오래된 이야기지만 충격을 받았던 게 '왜 날 싫어하지'였어요.(웃음) 《김대중 죽이기》 쓰고 나만큼 호남을 얘기한 사람이 없는데 왜 날 그렇게 싫어하지? 저는 그렇게만 생각한 거예요.

김창규 의심의 눈초리가 생기죠. 그렇게까지 핫해져 버렸는데, 감투 욕심이 있을 거다.

강준만 세월이 지나보니까 이 사람이 글하고 말만 그렇지 무슨 욕심이 있는 것도 아니고 감투가 생긴 것도 아니고 어디 그렇게 나서는 것도 아니니까 조금 수그러들었죠. 그런데 여전히 그때 이미지, 인상이 있어서 안 좋아하죠, 나대는 사람을.(웃음)

김창규 《김대중 죽이기》 이야기가 나왔으니 말인데, 학자로 킹메이커 역할을 한 것 아닙니까. 본인이 제일 많이 느꼈겠지만 그 정도로 관심이 집중되면 사람이란 게 붕 뜨잖아요. 엄청난 인기는 엄청난 힘으로 연결되는 거고. 욕심 안 생기셨나요? 이 힘으로 뭔가 해볼 수 있겠다는 마음, 사람이라면 분명 들었을 텐데.

강준만 욕심의 문제가 아니고 체질의 문제인 것 같아요. 예를 들어 자기가 바깥 세계로 나가는 체질인데 그걸 억눌렀다면 대단한 분이죠. 그걸 다스린 거죠. 그런 사람이라면 대단한 거겠지만, 저 같은 사람은 그런 고민을 할 필요가 없는 게 체질이 게을러서 싫어요. 서울 가는 게 귀찮은 거죠. 모든 게 다 귀찮아. 게으름에 대한 글을 쓰면서 제가 그랬다니까요. 우리가 누군가를 '게으르다, 게으르지 않다' 평가하는 이분법이 얼마나 허황된 거냐. 예를 들어 여자 밝히는 사람들 있죠? 믿기지 않을 정도로 부지런해요. 그 일에 관해서는. 그러니까 사람마다 게으르고 부지런한 분야가 각기 다를 뿐이죠. 어떤 면에서는 제가 일 중독, 일 벌레라고 할 정도로 부지런하지만 그런 체질은 아닌 거예요.

그가 끊임없이 '나대는' 이유가 감투 욕심 때문이다, 서울 와서 한 자리 노리려 그런다고 생각하는 이들을 위해 던진 질문이었다. 인간에게는 욕망이 있기에 누구나 품을 법한 의문이다. 하지만 그는 언행일치했다.

싸가지 없어 봐서 안다

김창규 《싸가지 없는 진보》 얘기 좀 해볼까요? 교수님은 일단 책을 너무 많이 내시니까 사람들이 다 못 읽고 씹는 것도 이해를 좀 해주셔야 합니다.(웃음) '싸가지'가 정확히 뭔가요? 싸가지 좀 없어도 되는 거 아닙니까?

강준만 진보가 보수에 비해 싸가지가 없을 수밖에 없는데 아무리 겸손해도 독선적인 사람은 내가 정의인 거예요. 내가 정의에 대해서 아는 거예요. 저쪽은 정의가 아니에요. 파트너로서 겸손을 위장하지만, 독선이 막 여기서 나와.

김창규 내가 옳으니까.

강준만 그게 싸가지가 없는 거거든.(웃음) 그러니까 싸가지라는 게 적나라하게 막말하는 것도 싸가지지만, 싸가지의 근본은 도덕적으로 내가 우월하다는 의식이 있고 나는 정의에 대해서 알고 있다고 생각하기 때문에 상대를 낮춰 보는 거죠. 근데 사람들은 그걸 귀신같이 알아채거든요.

겉으로 아무리 겸손하고 존대해도 위에서 아래로 내려 보고 있음이 느껴지는 재수 없는 기분, 정도로 이해했다.

강준만 제가 그걸 어떻게 느꼈냐면, 진보인 사람이 보수를 향해서 그러기도 하지만 소위 한국 정치에서 진짜 진보라고 하는 사람들,

전통 좌파, 논쟁을 해보면 말로건 글로건 오만한 게 드러나요. 자기는 이 사회에 정의와 평등의 가치를 외치지만, 그런 오만이 느껴지는 순간 사람들은 정말 싫어해요. 차라리 욕설을 뱉으면 '저 자식 성질 더럽구나' 그렇게 끝나죠. 내려다보는 걸 알아요. 표현을 어떤 식으로 하건. 사람들이 그거 참 싫어합니다. 그것을 싸가지라는 말로 다 담아낼 수는 없지만 지금 새정치민주연합(현 더불어민주당)이 갖고 있는 문제가 그거예요. 아니, 거기뿐만이 아니라 진보가 그래요.

김창규 그러니까 헛똑똑이들이 많은 거네요. 똑똑함으로 사람을 품는 게 아니라 남을 굴복시키는 데 그 똑똑함을 남발하는.

강준만 사회적 약자와 아웃사이더를 위해서 살고 싶어 하는 건지, 아니면 사회적 약자와 아웃사이더를 위하는 일로 그냥 내가 존재감을 느끼고 싶은 건지, 그게 그 말인 것 같지만 달라요. 정말로 사람을 위한다면 내가 무릎을 꿇을 수도 있는 거고 얼마든지 양보할 수도 있고 타협할 수도 있는 거죠. 그 사람들한테 좋은 결과가 간다면. 우리 진보가 그런 식으로 하나요? 그게 자꾸 사람을 멀어지게 만들어.

김창규 재수가 없는 거죠. 근데 이 비판을 교수님한테 그대로 돌린다면?(웃음)

강준만 저도 예전에 그런 모습이었어요. 얼마나 싸가지 없었을까. 싸가지 없어봤던 놈이 싸가지 문제를 잘 압니다.(웃음) 내 경험을 바탕으로 했는데, 그걸 못 알아들으시더라고.

웃음 뒤에 비판과 비난을 정면에서 받아낸 학자의 모습이 보인다. 얼마든지 '삐뚤어'질 수 있었을 텐데.

김창규 본인도 도덕적 우월감, 지적 우월감을 가지고 이야기했다, 그래서 내가 많은 비판을 받았다, 그렇게 인정하시는 거네요.

강준만 그게 있었죠. 왜 없었겠어요. 지금은 없을까? 지금도 있겠죠. 지금도 있는데 '그건 안 되는 길이구나'의 깨달음이 있고 없고의 차이는 중요합니다.

난 치어리더였다

김창규 교수님 삶에서 민주당 분당 사태를 안 짚고 넘어갈 수 없습니다.

2002년 호남 기반의 새천년민주당은 당시 노무현 후보를 대통령으로 당선시키며 집권에 성공했다. 그러나 전국정당화를 기치로 내건 당내 신주류는 호남 지역 중진 정치인의 퇴진을 요구하며 야권 재편을 시도, 결국 열린우리당 창당을 결행했다.

강준만 지금 돌이켜보면 개인적으로는 민주당 분당 사태가 제게는 축복이었다고 봅니다. 엄청난 행운이었죠.

많은 사람이 당시 강준만에 대해 분노했던 지점. 야권 집권 이데올로기의 대가 강준만이, 《노무현과 국민사기극》을 쓴 참여정부의 개국공신이, 노무현 대통령 당선 후 네티즌으로부터 KBS 사장감으로 압도적 추천을 받기까지 한 강준만이, 감히 노무현 대통령이 미는 일에 반기를!

김창규 가장 충격적인 사건 아니었습니까? 그때 비난이.

강준만 그런 정도의 계기가 없었다면 제가 달라졌을까요? 계속 그렇게 갔을 가능성이 높죠. 그때 엄청난 충격이었으니까 제대로 자신을 뜯어보고 돌아볼 기회를 가진 거죠.

김창규 김대중 대통령, 노무현 대통령 당선으로 이어지면서 교수님을 응원하고 메시아처럼 받들던 사람들이 싹 돌아섰는데 그게 기회가 되던가요? 저 같으면 '에이 씨, 내가 그렇게 열심히 했는데! 나 안

해!' 했을 텐데.(웃음)

강준만 치어리더론이 그거죠. 아, 내가 치어리더였구나. 어제도 보니까 야구 아주 재밌게 잘하던데. 한화하고 삼성하고 붙었잖아요. 삼성 치어리더면 삼성을 응원하게끔 되어 있는 건데 갑자기 치어리더가 건방지게 굴면 안 된다는 거죠. 애초에 암묵적으로 약속된 걸 벗어난 거니까. 대세의 방향은 정해져 있고 우리가 따르는 누군가가 저기로 가는데, 치어리더가 그쪽을 향해서 박수를 보내야 하는데, 아니니까. 그런데 치어리더를 벗어나기가 쉽지 않아요.

우리 편으로부터 열광적인 인기와 관심을 받는 와중에 철저히 미움받는 행동을 하는 것, 그 두려움만은 상상이 된다. 우리 편의 열성적인 사랑, 제아무리 똑똑한 사람도 거기에 맛 들여 바보 되는 상황, 널리고 널렸다.

강준만 느껴보니까 알잖아요. 모든 사람에게 전반적으로 조금씩 인기가 있냐 없냐는 중요한 게 아니라 열화와 같은 지지가 피부로 느껴지는 거니까. 과격하고 극단으로 치닫는 게 인기가 있는 거죠.

김창규 우리 편에서도 그런 사람이 인기가 있고. 멋져 보이고.

강준만 우리 이건 좀 아닌 것 같다. 이게 먹힙니까? 저도 사실 그 득과 수혜를 누렸던 거죠. 다 겪고 나니까 치어리더였구나 깨달은 거죠. 그런 깨달음을 공짜로 얻었겠습니까?(웃음)

그의 책과 논리는 책상머리에서만 나온 건 아니다.

새정치민주연합, 답 없다, 방향은 있다

김창규 그런데 세상은 점점 더 쪼개지는 것 같습니다. 보수와 진보는 점점 멀어지고.

강준만 절망의 끝까지 가야 희망이 생기니 갈 때까지 가봐야 된다고 하잖아요? 아직 갈 때까지 안 갔어요. 과도기적 현상으로 봐요. 새정치민주연합도 아직 덜 망가졌어요. 더 망가지고 더 절망적인 상태로 가봐야 되는 거지.

김창규 더 망가져야 된다?

강준만 여태까지 반복되는 사이클이 있어요. 자꾸 유권자들도 까먹어. 우리나라에서 개혁이다, 혁신이다 했을 때 가장 잘 먹히는 게

'청산'이에요. 그게 가장 잘 먹힙니다. 우리나라 유권자들이 어떤 생각을 갖고 있냐면, 다선 의원들이 가끔씩 선거에서 떨어질 때가 있잖아요? 떨어뜨린 유권자들 인터뷰해보면 이유가 나옵니다. '많이 해먹었다.'

무슨 뜻이냐면, 정치를 보는 시각에 진보, 보수의 구분이 없어요. '저놈들은 어찌 됐건 출세한 놈들 아니냐?' 용이에요, 용. 몇 선 하는 동안 일을 얼마나 했느냐 인정해주는 풍토가 아니에요. '너 많이 해먹었잖아. 그럼 다른 놈도 해먹어야지.' 지배 분배의 정의랄까. 정당한 분배라는 의미가 아니에요. 마치 조폭들이 돌려가면서 나눠 먹는 정의에 가까운 거죠. 그 심리예요. 정치권에 대한 혐오, 저주. 그래서 조폭처럼 쓸고 치우고 청산해야 시원한 거예요. 물갈이한다는 거죠. 조국 교수 같은 분들로만 국회의원 300명을 채워도, 훌륭한 분들로 채워 넣어도, 달라지는 건 없습니다. 사람의 문제가 아니에요. 우리는 사람의 문제일 거라고 생각하잖아요? 괜찮은 분들 국회에 많이 들어갔어요. 그런데도 안 되면 뭔가 게임의 룰에 문제가 있는 거예요. 계속 반복되는 게임이죠.

김창규 그럼 교수님이 생각하는 모델은 어떻습니까? 물갈이론, 인적 청산론. 안 되는 것이 증명됐는데도 우린 계속 속고 있잖아요.

강준만 그러니까요.(웃음) 어느 조직이건 사회건 정답은 없는 상태에요. 그런데 없다고 하면 욕먹잖아요. 지방에 세미나 오거든요? 수십 번 해도 똑같은 이야기만 반복되고. 지겹더라고. 답이 없어요. 한번은 어떤 세미나 때 '내가 왜 이런 바보 같은 말을 계속하고, 이런 쇼를 계속하지?' 하는 생각이 들어서 제가 '답이 없다, 감내해야 된다' 그랬더니 욕을 바가지로 먹었습니다.(웃음) 그런데 정말 답이 없어요. 새정치민주연합도요. 교육 문제조차도. 답이 없어요.

김창규 아니, 갑자기 그런 말씀을 하시면.(웃음)

강준만 지금 오랜 세월 누적되어온 문제가 드러나고 있는 거 아닙니까. 30년 누적된 문제가 터지는데 어떻게 한 방에 답이 나올 수 있냐 이거예요. 30년은 더 걸리지 않더라도 그 반이건 3분의 1이건 오랜 시간이 걸리지만 어떤 방향으로 가는 게 옳다고 제시할 수는 있다는 거죠. 제가 볼 때 '답이 있다'라고 하는 건 사기예요. 답이 있을 수 없다니까.

김창규 그럼 새정치민주연합은 어쩝니까?(웃음)

강준만 지금 이 사람들은 당장 총선에 대한 답을 찾고 있는 거예요. 이게 사기라는 거죠. 수십 년 누적된 문제를 총선 앞두고 해결하겠다? 알고 속고 모르고 속는 거죠. 총선에서 어떻게 해보자 이거지.

애초에 답이 없는데 답을 찾으려고 하는 거고. 유권자들도 그냥 쇼구경하듯 보는 거고.

제가 생각하는 답은 누차하고 오래 걸리죠. 예를 들어 이런 거예요. 지금 새누리당에서 오픈 프라이머리 얘기 나오잖아요? 근데 오픈 프라이머리는 아는 분들은 다 반대합니다. 문제 많아요. 새누리당 같은 경우는 오픈 프라이머리 대비해가지고 사람들 막 끌어 모으고 난리 아닙니까. 그런데 저는 그 어떤 부작용에도 불구하고 찬성하는 쪽이에요. 오픈 프라이머리를 비판하는 모든 분들의 주장에 100퍼센트 동의해요. 문제는 공천이거든. 공천 문제를 어떻게 해결할 거냐는 말이에요. 해결할 수 있는 방법이 없어요. 그러면 오픈 프라이머리가 상당한 문제가 있지만 장기적으로 정착되도록 밀고 가는 수밖에 없어요. 오래 걸리죠. 당장 드러나는 문제는 지역에 기반이 있고 짱짱한 표밭을 가지고 있는 사람이 유리하다는 건데, 진보쪽 일부에서도 반대하는 이유가 오픈 프라이머리가 현재의 기득권자들에게 유리하다는 것이거든요. 그러면 기득권 없는 사람들도 어떤 식으로든 지역에서 풀뿌리 운동을 하려면 어쩔 수 없는 거니까 시도를 해보자는 거예요.

김창규 정착을 해보자?

강준만 방향은 그렇게 가야죠. 근데 우리는 지금 불리하니까 이건 안 돼. 그러니까 장기 계획을 세울 수가 없어요. 오픈 프라이머리 하자고 하면 새정치민주연합 쪽에서, 진보 쪽에서 반대할 걸요? 그걸 대안으로 내놨을 때 사람들은 급한 거예요. 가장 정직하고 옳은 답은 오래 걸리고 국민 참여 없이는 안 됩니다. 그런데 국민 여러분은 어떤 자세시냐? 지금 정치권, 정당 근처 가는 것도 무슨 메르스 옮는 것처럼 여기잖아요? 보통 사람들이 누가 그 근처에 갑니까?

정당원이 된다는 건 우리 한국 정서로는 안 끌려요. 민주주의 역사가 미국, 유럽하고 다르니까. 정당원이 된다는 걸 그런 시각으로 보고 있는 국민을 상대로 정당원이 되어서 참여해 달라? 어렵습니다. 그럼 이중 정당제도 가능한 것 아니냐고 합니다. 정당원은 못 되겠지만 준정당원으로서 오픈 프라이머리 정도에만 참여하는. 모든 걸 열어젖히고 역선택 할 수 있게 하는 거죠. 새누리당 당원까지 오는 건 아니고. 그러니까 어느 정도 비판적 지지를 하는 사람들이 와준다면 경쟁할 수 있잖아요. '나 정말 좋은 뜻 갖고 이번에 해보려고 그런다. 좀 들어와주시라.'

처음에는 연고에 의한 모집이 불가피할 수 있어요. 연고에 의해서 모집하는 과도기, 이게 얼마 걸려 바로 잡히겠어요? 오래 걸리죠. 시행착오 있죠. 하지만 방향은 이쪽입니다. 분명히 부작용 엄청나고 시행착오가 있을 겁니다. 그러나 이건 우리 문화 문제 아닙니까? 유권자들의 문제도 있습니다. 인내를 가지고 우리 한번 해보자 이겁니다. 시간이 걸리겠지요. 이런 걸 과정 없이 당장 보여주겠다?

내년 총선 전에? 가능하지 않다니까. 가능하지 않은 문제를 띄워놓고 답을 얻으려고 그러니 환멸은 예정되어 있다 이거죠.

저를 포함해서 한국 사람들 말 정말 안 들어요. 옛날부터 독재 정권에 당해온 게 있어서 정부를 신뢰할 수 없잖아요. 비딱하게 나가는 게 명분도 있었고. 몸에 밴 게 있는데 시간이 오래 걸린다는 거죠. 유권자를 상대로 우리가 살아온 역사에 대해 공동으로 책임을 져야 될 부분이 있는데, 그런 비전은 오래 걸립니다. 접근이 다르잖아요. 나는 지도자의 역할이 여기에 있다고 봐요. 근데 지금처럼 심판, 응징, 이러면 뻔하죠. 잘라내고 치워낼 거 아니에요? 또 사람들은 그걸 원할 테고. 언론의 반응도 뻔히 보인단 말이죠.

제가 즐겨 쓰는 말이 우리나라 민주주의는 '홍수 민주주의'라는 겁니다. 1년에 한 번 장마철에 비 오고 홍수 나잖아요. 그러면 일부 기업들이 폐기물 쌓아뒀다가 홍수 때 흘려보냅니다. 가만 보면 우리나라 정치가 그런 식이에요. 중요한 뭐가 있을 때, 뭔가 닥쳤을 때, 그때 싹 쓸려가게끔. 그건 해결책이 아니에요. 홍수라고 하는 어떤 자연 변화에 내보내려는 거예요. 우리는 지금 거기에 익숙해져 있습니다. 그래선 안 됩니다.

그렇다 한다. 새정치민주연합, 아니 이제 더불어민주당은 참고하시라. 새누리당은 안 물어봤다. 잘해서 얄미우니까.

김창규 정치만큼 중요한 게 또 교육 문제인데, 교육 문제에 대해서는 어떻게 생각하십니까? 대학 입시, 사교육은 진짜 풀리지 않는 문제인데.

강준만 임금 격차 줄이는 것밖에 답이 없어요. 임금 격차 안 줄이고 사교육 문제가 해결되나요? 학력, 학벌에 따른 임금 격차가 엄청난데. 당연히 학부모들이야 자식 대학에 보내야 되고, 똑같은 대학이 아니라 일류 대학에 보내야 된다고 생각하죠. 인생이 바뀌는데. 목숨 걸고 사교육에 투자하지, 왜 안 합니까? 이거 바꾸는 걸 입시 정책 갖고만 한다? 교육 문제는 교육부 장관 손 떠난 거죠. 대통령인들 할 수 있나? 솔직히 이야기해서 이것도 오래 걸립니다. 임금 격차를 줄이는 방향, 그 방향이 있을 뿐이지요. 현 정권하에서는 못 합니다. 다음 정권도 이익을 못 볼 겁니다. 하지만 지도자라면 그런 방식으로 국민을 설득해야 합니다.

김어준과 진중권

김창규 개인적으로 궁금한 것 좀 질문하겠습니다. 김어준이란 사람, 그러니까 저희 사주를 어떻게 보시나요? 그냥 궁금해서.

강준만 김어준은 천재야. 천재인데 정치판에는 안 뛰어들었으면 좋겠어요.

김창규 저도 같은 생각입니다. 정치 진짜 안 할 거냐고 물어본 적이 있는데, 자기 성격에 그걸 어떻게 하냐면서 체질이 아니라고 합니다.

강준만 난 《딴지일보》 좋아해요. 우리 교수들 중에 〈나는 꼼수다〉 팬도 많은데 정말 좋아합니다. 그런 점에서 전체 국민은 아닐망정 상당수 국민의 스트레스를 해소해줘서 수명 연장에 기여했다는 건 인정해요. 그런데 결국은 전체가 살아야 될 거 아니에요, 대한민국 전체가. 그렇잖아요? 아무리 우리가 미워하는 수구꼴통, 심지어 일베 회원이라고 할지라도 어떻게 해서든 그걸 풀어야지. 그걸 어떻게 하겠어. 〈나꼼수〉 방식은 적어도 전체에 대한 답은 아니죠.

김창규 진중권 교수에 대해서는 어떻게 생각하십니까? 역시나 개인적인 궁금증입니다.

강준만 놀라운 건 엄청난 에너지. 초인적인 것 같아.

사돈 남 말 하는 기분이다. 본인이 책을 몇 권 썼는지 기억하고는 있는 걸까.

강준만 〈속사정쌀롱〉인가 그거 즐겨 봤어요. 재밌게 봤어요. 보통 그런 데 안 나가려고 하잖아요.

김창규 그런 방송이 스스로의 존재감 확보에 도움이 되지 않겠습니까? 인간이라면 어떤 방식으로든 그걸 채우는 방법이 있으니까.

강준만 그러니까 저는 그걸 에너지로 보죠.

김창규 굉장히 긍정적인 해석입니다.

강준만 아주 대단한 에너지. 그런 에너지를 갖는 게 쉽지 않아.

김창규 만약 그런 욕심이 있어도 그 욕심을 채울 능력이 없는 사람들이 더 많죠.

강준만 잘하더라고. 누가 '당신이 진중권을 과대평가하는 것 같다'고 하길래 '아니, 그러면 왜 안 되나? 재밌던데' 그랬어요. 오락이라는 것, 엔터테인먼트에 대해 과소평가하는 것 아니냐고.

강준만의 꿈

김창규 마지막 질문입니다. 굉장히 식상한 질문인데, 꿈이 뭔가요?

강준만 꿈, 있죠. 몸만 괜찮아지면 정년퇴직하고 꼭 해보고 싶은 일이 있어요. 지역 언론. 제가 신문방송학과 교수잖아요. 디지털 시대에 무슨 지역 언론이 있어야 하느냐고 말은 안 하지만 다들 회의적이에요. 제가 시도를 안 했던 건 아니에요. 《선샤인 뉴스》라고 학생들하고 인터넷 뉴스를 만들었던 적이 있어요.

그때 학생들이 다 졸업하고 SNS 홍보 대행사 비슷한 걸 차렸어요. 커뮤니케이션 회사를. 그 본부가 전주에 있는데 서울 강남에 지사를 차렸어요. 서울에서 직원들 뽑고. 기존 대행사들이 산전수전 다 겪었어도 대학 갓 졸업한 학생들 감각이 훨씬 낫습니다. 지금 직원이 한 스무 명 정도 돼요. 그 학생들만 놓고 보면 대단한 성공 케이스죠.

왜 '선샤인'이냐면 애초에 미담 중심으로 모델을 잡았어요. 위험부담이 크고 자본도 없으니까. 학생들 졸업하자마자 맨땅에 헤딩하는 식인데, 까는 결로는 기존 언론과 비교해서 감당이 안 됩니다. 그리고 까는 것도 문제가 뭐냐면, 전라북도 같은 경우에는 경제적 통계건 사회 문화 지표건 전국 꼴찌가 너무 많아요. 그러니까 이 지역 문제를 비판하면, 전라북도에 대한 자포자기, 극심한 네거티브가 됩니다. 꼴찌를 탈피하려 애쓰자는 취지로 비판적 기사를 쓸 수도 있겠지만, 심리학에 사회적 증거 이론이라고 있잖아요? 사회적 증거, 부정적인 것을 계속 내보내면 사람들이 반대로 갈 것 같지만 그렇지 않아요. 제가 《서울대의 나라》라는 책에서 서울대가 얼마나 한국 사회를 해 처먹고 있느냐 했더니 '아니, 그럼 서울대에 꼭 가야 되겠네!' 이렇게 가는 거예요.(웃음) 그래서 아, 이거 안 되겠다 싶어서 미담 중심으로 갔는데, 이건 또 수익 모델이 안 나와서 사실상 접고 학생들이 홍보 대행사의 길로 간 거죠.

저는 정년퇴직하면, 어디 아프지만 않으면, 제 인건비 걱정 하나도 없잖아요? 전업으로 갈 수 있어요. 한번 해보고 싶어요. 미담 중심으로. 그렇다고 안 까는 건 아닙니다. 궁극적으로 깔 건 깝니다. 깔 것은 까야 되는데 평소에 긍정적인 것들 중심으로 보도하다가 제대로 잡아 까는 것하고 까는 게 아예 상투적으로 된 것과는 다르죠.

무책임하게 까는 게 습관이 되어버리면 반대쪽은 '저놈들 또 까나 보다' 하고 그냥 넘어가니까 미담으로 가도 깔 건 제대로 까야죠. 그런 것들도 들어가긴 하되 기본적으로는 '여기 조금 살 만하다, 그러니까 해보자, 여기서'라는 겁니다. 지역에서 한번 성공하면 전국이 할 수 있는 거 아니겠어요? 마지막 꿈으로 꼭 한번 해보고 싶어요. 여기, 전주에서.

강인함의 종류가 바뀌었다

인터뷰 5분 전이었다. 전북대 사회과학대학 1층 강준만 교수의 연구실을 찾고 있는데 누군가 양복을 입은 채 땀 뻘뻘 흘리며 커피 캐리어를 들고 계단을 올라갔다. 그였다. 그 모습이 인상적이어서 바라만 보고 있었다.

잠시 후 계단을 올라가 그의 연구실 문을 두드렸다. "인터뷰 왔습니다" 하고 문을 열자 희끗희끗한 머리의 노신사가 혼자 부채질하며 "오이~" 하곤 활짝 웃었다. 그리고 방금 자신이 들고 온 커피를 내밀었다.

20년 전쯤이다. 《김대중 죽이기》에 가슴이 뜨거워졌고 《인물과 사상》에 밤잠을 설쳤다. 점심시간에 교문을 뛰쳐나와 버스를 타고 책방으로 달려갔다. 이 저자의 책을 다 달라고, 이 저자의 책은 앞으로 무조건 주문해달라고. 《전라도 죽이기》 《언론플레이》 《서울대의 나라》

《레드 콤플렉스》《다시 문제는 언론플레이다》 등 그가 세상에 뿌린 무수한 씨앗 중 하나는 부산의 한 까까머리 아이에게도 영향을 미쳤다.

많은 학자와 정치인이 지역과 지방을 외치며 풀뿌리 운동을 하자 한다. 화합하자 한다. 누구나 용이 될 수 있다 한다. 하지만 선거 때 외에는 내려가는 이, 거의 없다. 서울에서 감투 전쟁 벌이고 갈등 조장해 인기를 얻는다. '나'만 용이 된다. 알면서 속이고 알면서 속는다. 모두가 익숙해 있고 익숙해서 편하다. 강준만에게는 그럴 수 있는 능력과 기회와 유혹이 무수했다. 그는 스스로 기회주의자, 게으른 인간이라 말하나 고지식하게 언행일치하는 길을 택했다.

강준만은 기자들이 아직도 자신을 강한 이미지로 묘사한다고 아쉬워했지만 그는 여전히 강했기에 어쩔 수 없다. 다만 강인함의 종류가 근본적으로 바뀌었다. 싸우는 방식이 근본적으로 바뀌었다. 지금의 그는 방대한 지식과 논리를 남 무릎 꿇리는 무기로 쓰지 않는, 옳고 그름의 관념 놀이에서 벗어난, 좌우를 넘어 대한민국 전체를 생각하는 학자다. 스스로 자업자득이라 평가한, 그를 공격한 모든 것이 그를 보다 탁월하게 만든 가장 빠른 길이 되었다. 적어도 나는 그렇게 봤다.

비록 시간이 조금 걸릴지라도, 확실히 '내 편' 들어주는 강준만이 아닐지라도, 모두가 점점 얄팍해지더라도 그는 버티고 또 버텨 '모두'의 대변자가 되어주었으면 좋겠다.

그는 한때 용이었고 여전히 용이다.

유 시 민

작가, 前 보건복지부 장관

유시민 전 장관을 만났다. 노무현 대통령 5주기에 맞춰. 굳이 묘한 타이밍에 찾아가 옛 기억을 되새겨 불편케 하고 싶은 마음, 없진 않았다. 그렇지만 진짜 목적은 《그가 그립다》라는 추모집을 내고 《나의 한국현대사》 집필도 마무리 단계라 하여 짬 날 때 커피나 얻어 마실 요량이었다.

장소는 파주출판도시 유시민의 작업실. 《딴지일보》 좌린(주하아린) 기자와 홀짝(함현식) 기자도 동참했다.

자연인 유시민을 만나다

대통령에 가까웠던 남자

김창규 많은 사람이 노무현 대통령의 후계자, 그러니까 야권 제1의 대통령 후보로 생각했죠.

유시민 몰상식한 사람들이지.(웃음)

김창규 사람들의 염원이 강했죠. 야권 지지자들은 대통령 후보가 유시민이라 생각했고, 이 사람이 뭔가 해줄 것이라는 기대감이 컸고요.

유시민은 노무현 대통령 사후 약 2년간 야권 차기 대선 주자 중 지지율이 가장 높았다. 당시만 해도 문재인은 논외였고, 유시민으로 가느냐 손학규로 가느냐의 구도였다. 정치인이라면 누구라도 욕심 부려볼 만한 상황이 수년간 지속된 것이다.

유시민 나를 지지해준 분들은 노무현 대통령 지지층의 부분집합이에요. 노무현을 지지하는 시민에는 다양한 그룹이 있는데 그 부분집합. 그것으로는 안 돼요. 그 집합보다 크든가 포괄할 수 있어야 하는데 부분집합으로는 선거 못 이기지.

김창규 본인 스스로 나가도 가망 없었다고 생각했단 말인가요?

유시민 도지사도 안 되는데 뭔 대통령이 돼.(웃음)

쿨하다.

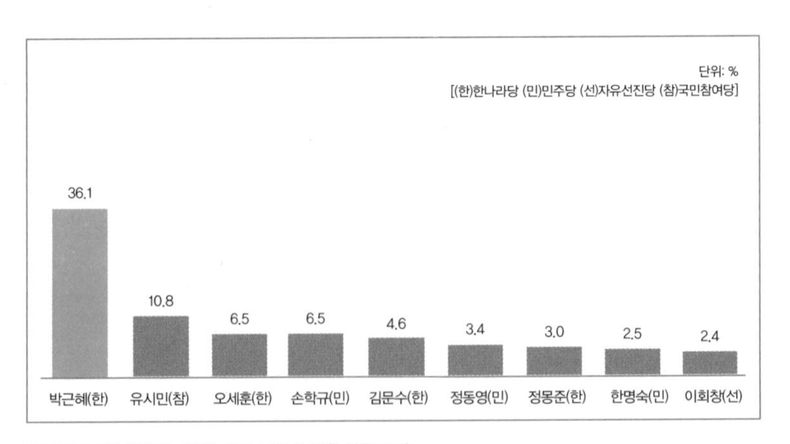

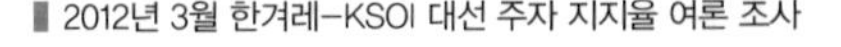
2012년 3월 한겨레-KSOI 대선 주자 지지율 여론 조사

김창규 가망이 없었다?

유시민 부분집합이었으니까.

자신의 지지층이 노무현 대통령 지지층의 부분집합이라는 점을 강조한다.

김창규 그래도 야권에서는 대통령 후보로 최고 지지율을 유지했는데.

유시민 안철수 지지율 봐요. 환경이 바뀌면 싹 사라지잖아요. 일시적인 거지.

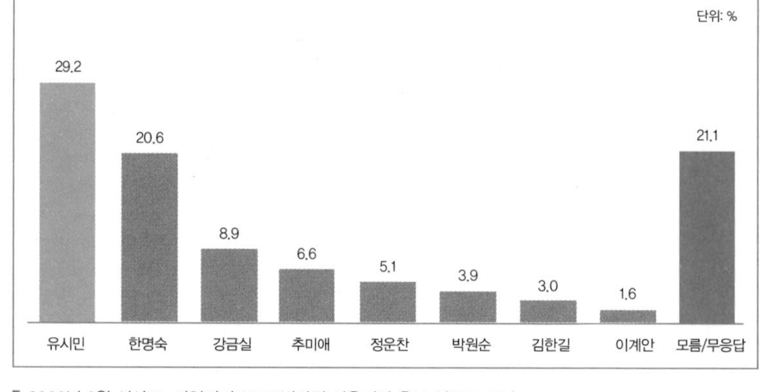

▌2009년 6월 시사IN-리얼미터 2010 범야권 서울시장 후보 선호도 조사

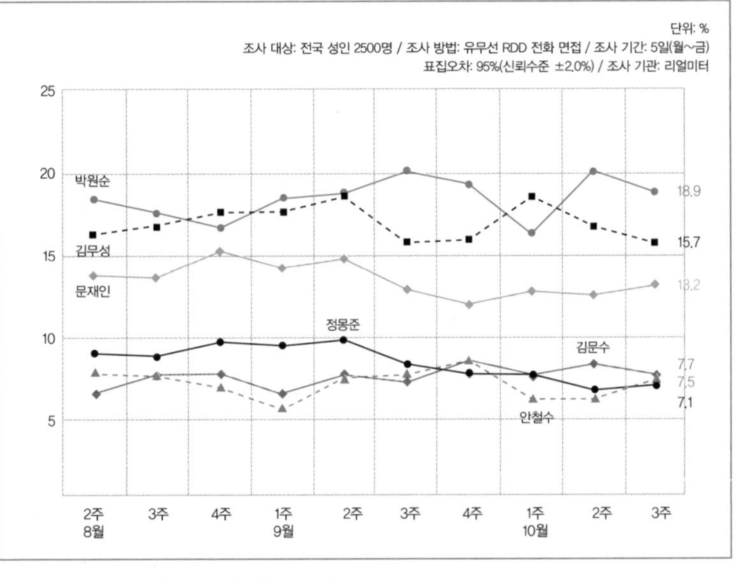

▌2014년 10월 3주차 리얼미터 19대 대선 주자 지지도 조사

김창규 정치를 다시 해보는 건 어떤가요?

유시민 눈치 보여. 그냥 내 팔자대로 살래.(웃음) 정치하면 어딜 가든 전 국민을 사장 대하듯 해야 하는데 피곤하고 고달프잖아. 내 책 원하는 분들은 돈 만 원 내고 난 10퍼센트로 먹고 살고, 서로 윈윈 하고, 눈치 안 보고. 그 관계가 좋아요.

김창규 노무현 대통령 서거 이후에 대통령이 돼야겠다는 욕망은 확실히 있었나요?

유시민 되면 좋겠다, 생각했지. 과거에는 했지. 해보니까, 안 되니까 그만둔 거지. 권력의지가 있다 해서 아무 데나 가서 비빌 수는 없잖아. 누울 자리 보고 발 뻗는다고. 혹시 몰라서 조금 해봤는데 역시 아니잖아. '어, 아니구나' 하면 거기에 맞춰서 살아야지. 아닌 걸 계속 가는 건 안 좋아.

김창규 《딴지일보》 김어준 총수가 평하길 "유시민은 권력의지가 없다. 모든 정치인은 아무 의심 없이 내가 대통령이 되어야 마땅한 사람이라고 생각하는데 유시민은 거꾸로 자격이 되나 항상 고민하는 이상한 사람이다"라고 했죠. 김 총수는 사람들이 원하고 바라는 시기에 정치인 유시민이 안 질러주니까 답답해했던 것 같은데.(웃음) 그런데 사람들은 유시민을 그 반대로 오해한다고 했죠.

유시민 그게 정상적인 거죠. 사람은 원래 자기 마음대로 남을 이해하는 거니. 그게 정상이라고 생각해요.

김창규 안 억울해요? 싫어하는 사람들한테 정치인 유시민은 평생 오해받는데.

유시민 예수나 소크라테스도 미움받고 죽었잖아. 나 같은 평범한 사람이 오해 좀 받았기로서니 뭐 어때. 그래도 죽진 않았잖아. 그럼 됐지 뭐.

김창규 그 오해라는 것이 일반인이 상상하기조차 힘든 크기로 다가왔을 텐데.

유시민 나보다 욕 많이 먹는 사람도 많잖아요. 안티가 대다수인 사람도 많고. 내가 팬이 없고 안티만 많았으면 욕을 했겠지만(웃음) 난 팬도 많고 안티도 많으니까.

김창규 관직 물은 정치 관두고 바로 빠졌다고 했잖아요? 그러고 보니 《딴지일보》 올 때도 추리닝 입고 인터뷰하러 왔던데 원래 그런 게 기질인가요, 아니면 그렇게 보이려고 노력하는 건가요?

인터뷰 시작 전에 이런저런 얘기하며 관직 물 빼는 데 얼마나 걸렸느냐 물어봤다. 대개 사람은 '자리'에 대한 대우가 '자신'에 대한 대우인 줄 착각하기 마련이다.

유시민 그거는 뭐… 국회의원, 장관 할 때 의전 같은 게 불편했어요. 정말 벗어던지고 싶었죠. 그런데 그러면 사람들이 안 좋아하니까. 불편한 건 벗어던져야지요.

김창규 은퇴한 정치인은 못 이룬 꿈 때문에 평생 마음 아프기 마련인데 '옷빨'로라도.(웃음)

유시민 좋은 거지. 좋은 거예요. 은퇴한 정치인이 되니까 억울하고 분할 거라 생각하는데 난 사실 행복하고 기분 좋고 너무 편해서 미안하지. 뭔가 나쁜 일들이 벌어지고 있는데 난 이렇게 자유롭고 행복하게 지내도 되나 싶고.

이미 정치를 10년 했는데, 한 사람이 계속 하는 건 안 좋아요. 학교 청소 당번도 돌아가면서 해야지. 나는 이제 10년 했으면 많이 한 거고 됐지 뭐. 꼭 정치를 더 해야만 사회적으로 의미 있는 일을 하는 건 아니니까. 논술 특강도 다니고 좋아요. 내가 가진 것을 공유하면 도움이 되는 거니까. 근데 난 일을 하면 되게 잘할 것 같아. 대통령 해도 잘할 것 같아.(웃음)

김창규 잘할 것 같은데 왜?(웃음)

유시민 그곳으로 갈 수가 없어요. 내가 나한테 없는 걸 가지고, 없으면 없구나 하고 살아야죠. 나한테 있는 걸로 살아야지. 글 쓰는 일이 그거지. 가진 걸로 세상과 교감하고 나를 표현하고 마음을 모아 나가는 것. 글 쓰고 논술 특강 다니는 건 내가 잘할 수 있는 것, 내게 있는 것을 가지고 사람들에게 보탬이 되는 거고. 사람이 그렇게 사는 거지. 뭐 다르게 사나.

'나한테 없다'는 말이 걸렸다. 자신에게 대통령이 될 필연적인 무언가가 없다는 말로 들렸다.

김창규 좀 명확하게 알고 싶은데요. '나한테 없다'는 그것, 유시민에게 없는 것. 대통령이 되기 위해서 뭐가 없었다는 말입니까?

유시민 대통령이 되기 위해 필요한 것이 나에게는 없는 것 같아요. 필요한 게 있는데 난 그게 없어요. 있어야 되는데 없는 건 내가 말을 못 하겠고.

김창규 그럼 있는 건?

유시민 없어야 되는 건데, 없으면 좋은 건데 있는 것. 이건 어떻게 보면 삶을 대하는 태도인데, 나는 사람을 전적으로 신뢰하지 않아요. 세상에 대해서도 전적인 책임감을 느끼지 않아요. 누구를 사랑해도 무조건적으로 사랑하지 않고 절대적으로 신뢰하지 않아요. 세상에 보탬이 되고 다른 사람에게 보탬이 되어야 되겠다는 생각은 하지만 그것이 내가 사는 목적은 아니라고 생각해요. 내겐 내 삶이 있지요.

솔직하다.

유시민 꼭 그렇게 살아야 하나? 그게 옳은 건가? 그렇게 사는 것만이 의미 있는 일인가? 그런 것에 대한 생각이 좀 있죠. 난 아무런 사회 참여도 하지 않고 자기가 하고 싶은 일만 하면서 사는 것도 괜찮은 인생이라 생각해요.

김창규 그런데 저는 그런 사람이 안 떠오르는데요? 세상에 전적인 책임감을 느끼고 막 자신을 던지는 정치인이.(웃음)

유시민 박원순 시장 같은 사람 봐요. 난 TV 토론 하는 거 보고 넘어갔어. "내 인생은 이미 공적인 일에 바쳤다" 그렇게 말하잖아. 난 정치 생활 10년 동안 그렇게 말해본 적이 없어요. 내가 그렇지 않다는 걸 아니까. 양심에 걸려서 그런 말 못 해요.

김창규 아니, 그거야 그냥 그렇게 말하면 되죠.(웃음)

유시민 그렇지. 그렇게 말할 수 있어야지. 근데 난 그렇게 말 못 해.

김창규 그렇게 말할 수조차 없다?

유시민 정치인은 실제로 그렇거나 그런 것처럼 할 수 있어야 해요. 그러다 보면 또 그렇게 되거든? 난 그렇게 못해. (잠시 침묵)

어찌 보면 정치를 하게 된 것도 사명감, 야망, 포부 때문도 아니었고. 노무현 대통령이 사람의 연민을 참 자극하는 사람이란 말이에요. 보고 있으면 참 속이 상해. 저 사람을 위해서 뭐라도 해줘야 한다는 마음을 자꾸 일으키는 분이지. 그것 때문에 그렇게 된 거지 내가 계획이 있어서 정치를 한 게 아니거든. 주위 사람들한테도 그랬어요. 대통령 퇴임하시면 나도 그만둘 거라고. 내가 하는 정치 참여의 의미는 저 사람 하나로 충분하다 생각했고 결과도 그렇게 됐고. 꽤 오랜 기간 알고 지냈지만 집중적으로 얽혀서 살아간 건 5년 정도. 그렇게 지나가고 돌아가시고. 난 내 인생을 살아야죠.

박근혜의 유시민은?

김창규 정치인으로 유시민 본인과 비슷하다고 생각하는 사람은?

유시민 나하고 비슷한 사람은 없지. 좋은 의미든 나쁜 의미든.

김창규 그럼 노무현 대통령에게 유시민 같은 사람이 박근혜 대통령에게도 있나요?

유시민 왜 많잖아요. 이정현 씨도 있고 김기춘 씨도 있고.

김창규 으하하하. 그건 너무 이상한 것 아닌가요?

유시민의 입에서 이정현과 김기춘의 이름이 나오자 폭소했다. 현 정권에서 본인과 같은 마음을 가진 사람을 묻는 질문에 그들의 이름을 댄다는 건, 자기편이 아닌 사람의 시선까지 고려치 않으면, 그러니까 자신을 철저히 객관화시키지 않으면 힘든 일이다.

유시민 그분들도 열심히 하는데 다들 뭔가가 있을 거라고 봐요. 내용이나 방향, 색상이 틀려서 그렇죠. 김기춘 씨가 오로지 권력욕 때문에 비서실장을 하겠어요? 이정현 씨가 오로지 권력욕 때문에 사

표를 내고 전라도에서 국회의원 하고 그러겠어요? 그 나름의 진정성은 다 있는 거라고.

그래서 내가 늘 말하는 게 진정성은 별로 중요한 것이 아니라는 거예요. 그건 그 사람들 속에 들어가 봐야 아는 건데. 그러니까 진정성 따지지 말고 말, 주장, 행위를 보자, 맞으면 맞는 거고 아니면 아닌 거지, 의도가 불순하다 이따위 논의는 그만하자는 거예요.

노무현 대통령 재임 중에 그런 말을 너무 많이 들어서… 그게 뭐가 중요하냔 말이에요. 노무현 대통령이 정치인으로서, 한 인간으로서 하는 주장, 선택, 행동을 옳다, 아니다, 반대다, 찬성이다 하면 되지 뭐만 하려고 하면 '이건 뭘 하기 위한 거다' '뭐 때문이다' '노무현 대통령의 의도는 이거다' 이렇게 꼬아서 해석하고.

유쾌하고 차분한 톤을 유지하던 그의 목소리가 커졌다. 억울했나 보다.

유시민 개헌론 때도 그랬고 다 그랬잖아요. 좌우를 막론하고 다 그렇게 대했단 말이에요. 그런 식으로 하면 남아날 사람이 누가 있겠어요? 그럼 정치인이 맨날 자기 진정성을 입증하러 여기저기 다녀야 되나? 그런 멍청한 짓이 어디 있어요?

그러니까 진정성은 별로 중요하지 않아요. 우리가 김기춘 씨나 이정현 씨를 평가할 때도 사람이 그 자리에 있으면서 한 말, 행동, 결정, 선택 같은 것으로 평가하자는 거죠. 주관적 영역으로 들어가면 그 사람들도 박근혜 대통령에게 충성하고 욕먹어가면서 싸우고 그러는 데는 다 이유가 있을 거란 말이에요.

근데 난 그게 뭔지는 잘 모르겠어. 자기들끼리 뭐가 있는 거겠지. 인터뷰 한번 해봐요. 《딴지일보》가 아니면 누가 밝혀주겠어.

인간에게 불가능한 것

김창규 아까 사람을 전적으로 믿지 않는다고 했는데, 상대 진영의 입장에서 본인을 비춰본 이야기나 자신을 보는 시각을 보면 인간을 이해하는 폭이 넓은 것 같은데.

유시민 그건 사람을 믿는 것과는 별개의 문제죠. 난 사람을 전적으로 믿는다든가 무한히 사랑한다든가 이런 건 착각이라고 봐요.

김창규 불가능하다?

유시민 환상인 거지. 인간은 그럴 수 있는 존재가 아니에요. 무한히 신뢰하거나 무한히 사랑하거나. 사랑도 변하는 거고 믿음도 깨지는 거지. 늘 그런 전제 위에서 사랑하고 믿어야지. 그런 태도를 갖고 있기 때문에 안 그런 것처럼 못 하겠다는 거야.

김창규 그리고 그걸 또 자기 입으로 말하니까!

유시민 그러니까. 안 그런 것처럼 말해야 하는데.(웃음) 그게 굉장히 큰 문제지.

이 미덕이 이 남자와 얘기하는 재미다. 숨지 않는 것.

함현식 사모님도 아시나요? 무한히 사랑하고 있지는 않다는 것을?(웃음)

김창규 가족끼리도 그렇게 말해요?

유시민 우리 집사람하고는 그런 얘기 안 하지. 그냥 '사랑해' 이렇게 얘기하지. 그렇지만…

김창규 그렇지만?

유시민 '이 사랑이 변할 수도 있어' 이건 얘기하지 않지.(일동 폭소) 마음속으로 변하지 않길 바라는 거지.

김창규 뭐, 오래 같이 사셨으니 스타일은 다 파악하고 계실 테고.

유시민 그러니까 '당신은 다시 태어나면 나랑 결혼할 거야?' 이런 질문은 절대 하면 안 돼.(웃음)

김창규 아니니까!(웃음)

유시민 왜냐하면 이 생에서의 사랑이 완전하고 진실한 것이라 할지라도 또 다음에 태어나면 다른 방식으로 다르게 사랑할 수 있잖아.

김창규 또 그렇게 하고 싶고?

유시민 거기까진 못 가겠고.(웃음) 그런 일반적 가능성이 있기 때문에 나는 다시 태어나도 상대방과 결혼하고 싶다 하더라도 상대방에게 그렇게 묻는 건 안 된다는 거예요. 왜냐하면 자신이 그렇다 해도 타인에게 강요할 수는 없는 거니까. 이야기가 엇길로 가는데?

김창규 아니요, 이게 좋아요. 작가 유시민의 기저와 자연인 유시민을 알 수 있는 코드니까. 문제는 이런 걸 일일이 다 얘기하면 미움받는다는 거.(웃음) 그런데 내세를 안 믿는 걸로 알고 있는데?

유시민 내세 같은 건 없다고 보고, 있어도 나와 관계가 없다고 봐요. 뭐, 요단강 건널 때, 삼도천 건널 때 다 세탁한대잖아. 그러니까 철학적 자아로서의 나는 어차피 없어지는 거야, 윤회가 있든 영생이 있든. 그러니까 개로 태어나든 똥으로 태어나든 상관없어. 나랑 무슨 상관이야. 다른 주체인데.

그래서 그런 의미의 내세가 있다 하더라도 난 상관이 없다고 생각하지. 이 세상에서 내가 살고 싶은 대로 사는 거고, 그걸로 충분해. 그 이상도 그 이하도 내게는 의미가 없는 거지.

유시민은 무교다.

다시 정치인 유시민 그리고 노무현

김창규 아까 대통령이 되기 위해 없어야 되는데 있는 건 얘기했는데, 있어야 되는데 없는 건 말 안 했잖아요. 계속 궁금한데요?

유시민 그건 나 말 안 할래.

껄끄러울 수 있는 말인데 그의 성격상 달콤한 말로 포장하자니 양심상 못할 것 같다는, 그런 느낌이 들었다.

김창규 그럼 거꾸로 노무현 대통령이나 박근혜 대통령은 그걸 가지고 있어서 대통령이 된 것 아닙니까?

함현식 본인으로 하여금 노무현 대통령을 따르게 만든 것들, 이정현, 김기춘이 박근혜 대통령을 따르게 만드는 것들, 그런 것들이 있어야 한다고 이해해도 되는 겁니까?

유시민 그렇지. 사람들한테 그걸 불러일으켜야 돼. 자기보다 나은 사람을 주변에 불러 모을 수 있어야 돼.

김창규 나왔네요?

유시민 근데 그게 무엇으로 가능한지는 내가 말을 안 하는 거지. 결과적으로 보면 그게 무엇이든 간에 사람들을 자기 주변으로 불러 모으는 힘이 있어야 돼. 알다시피 난 구름 같은 안티 팬을 몰고 다니고 있고, 100미터 미인이란 소리도 있고. 심지어 152명의 국회의원이 있는 당에서 날 좋아하는 국회의원이 다섯 명도 안 된다는 말도 들은 사람인데, 거기에는 그럴 만한 이유가 있지 않겠어요? 인정해야지.

김창규 그럼 역대 대통령들에게는 그게 다 있었다는 거네요.

유시민 그렇지. 그러니까 대통령이 됐지. 이명박 대통령에게는 화려한 사기술이 있었고, 박근혜 대통령에게는 아버지의 후광이 있었고, 노무현 대통령에게는, 내가 볼 때 연민을 불러일으키는 그런 게 있었지. (잠시 침묵) 그게 좀 이상한 건데, 일반적이진 않아요.

김창규 타고나는 건가요?

유시민 사람마다 달라요. 각자 다른데… 하여튼 뭔가 있어야 돼. 사람을 불러 모으는 무언가. 타고나는 경우도 있고 유산으로 받는 경우도 있고 자기가 만드는 경우도 있고.

김창규 야권에서 그걸 가지고 있는 사람은?

유시민 그건 모르겠지만 있다고 봐야지. 요즘 여론 조사하면 1~3위가 대개 야권이잖아. 그럼 있다고 봐야지. 내가 그때 (대통령 후보로) 지지를 받았던 건 노무현 대통령 때문에 그런 거지. 그건 내 것이 아니거든.

김창규 그런 식으로 치면 지금 대통령도 그런데.

유시민 근데 박정희 대통령은 그런 걸 물려받을 딸이 하나밖에 없었잖아. 아들, 딸 중에 정치하는 사람이 하나밖에 없었으니까 싹 다 모이는 거지. 노무현 대통령은 지지 세력이 복잡했잖아요. 내가 아들도 아니고. 그러니까 부분집합밖에 안 되는 거야.

부분집합, 계속해서 나온다. 자연인 유시민이 정치인 유시민을 해석할 때마다 강조하는 말. 보통은 그걸 지우려 하는데 그는 계속 드러내려 한다.

김창규 그걸 가장 많이 물려받은 사람이 문재인이라는 데에는 동의하나요?

유시민 그렇지. 정치적으로 보면 장자 아니겠어요?

김창규 참여정부에 있을 때 누구를 제일 좋아했나요?

유시민 특별하게 호불호가 없어요. 난 그냥 대통령하고만 관계있었지 다른 분들하고는 그다지 관계가 없었으니까.

김창규 묘한 관계가 있었을 것 같은데요? 유시민처럼 노무현 대통령 특유의 연민 때문에 이 사람을 지지해야지 해서 들어간 사람이랑 노무현 대통령과 오랫동안 함께했던 사람 사이에는.

유시민 그런 건 당연히 있지. 그래서 나는 인사 같은 문제에는 개입을 안 했잖아요. 한고조 때 사마천이 기록해놓은 《사기》나 《사기열전》을 보면, 인사는 소하가 했잖아요. 소하는 한고조가 미천한 신분일 때부터 참모였단 말이에요. 그다음으로 온 게 장자방이었고. 맨 마지막이 한신인데, 한신은 항우와의 전투를 앞둔 최종 국면에서 참모장으로 들어온 사람이거든. 그러니까 나는 노무현 대통령에게는 맨 마지막으로 들어온 참모에 가깝죠. 원래 실권은 오래된 참모들이 쥐는 거예요. 그러니까 안희정, 이광재, 이런 분들이 내부에서 실권을 쥐고 살림을 하는 건 불가피한 거예요. 대통령의 제일 큰 권한이 또 인사권이니까.

장자방은 안 죽으려고 도망갔잖아요. 도술을 익힌다고 계속 사직서를 내고. 한신은 자기가 제일 공이 크다고 폼 잡다가 소하한테

죽잖아요. 그러니 장자방이나 한신은 인사 문제로 소하하고 싸우면 안 되는 거예요. 난 처음부터 그렇게 생각했기 때문에 인사 같은 문제에 의견을 낸 적이 거의 없어요.

김창규 그런 욕망은 전혀 없었고.

유시민 그러려면 누구하고 다퉈야 하는데 다투기 싫더라고. 그래서 원망도 많이 들었죠. 열심히 했는데 안 챙겨준다고. 당하고 내각에서 내 업무 분야를 맡아서 거기서만 일을 했지 청와대 일에는 끼어든 적이 없으니까.

김창규 인간이라면 보통 그에 대한 섭섭함이 있을 것 같은데.

유시민 난 안 섭섭하지. 국회의원도 두 번이나 해먹었고 장관까지 받았는데. 개인적으로 섭섭해할 일이 어디 있어요?

김창규 보통은 그렇게 얘기하죠.(웃음) 그런데 일반적인 정치인이면 최고 권력이랑 가까워질수록 더 인정받고 갖고 싶어진단 말이죠. 그게 권력의 속성이고. 원래 그런 사람이 아니었다 해도. 당연히 유시민의 진정성은 의심 안 해요. 지금까지 본 게 있어서.

유시민 대통령이 국무총리하고 싸워가면서 나 장관 시켜줬는데 그만하면 충분히 총애를 받은 거지 그 이상 더 바랄 게 어디 있겠어요.

김창규 그런 데는 욕심이 없으신 것 같으니, 오케이. 그런데 당시 장관 임명 반대하고 여론 안 좋을 때 노무현 대통령이 따로 불러서 얘기했나요?

유시민 원래 장관은 내가 시켜 달래서 한 거고, 또 준비하라고 하셨는데, 집권당에서 난리가 나고 언론, 야당에서 난리가 나고, 국무총리도 반대하고, 뭐 그랬죠. 대통령이 '제청하시오' 하니 총리가 '못하겠습니다' 그러고, 대통령이 '그러면 총리 그만두고 당으로 가시오' 그러니 총리는 '당으로 안 갈랍니다' 그러고, 그러면 대통령이 또 '제청하시오' 하고. 이렇게 싸우다가 대통령이 너무 확고하니까 이해찬 총리가 할 수 없이 제청했죠. 뭐, 그 정도로 대통령이 싸워줬으면 된 거지 내가 무슨 말을 하겠어요.

당시 한나라당은 국무위원 인사 청문회가 끝나기도 전에 유시민에 대해 '절대 부적격' 판정을 내렸다. 이재오 원내대표는 "나는 한나라당 박멸의 역사적 사명을 띠고 태어난 사람이다" "박근혜 대표는 전여옥, 유승민 의원 등 초짜들이 써주는 것을 대충 읽고 있다" 등 유시민의 발언을 발췌하여 나열한 부적격 사유서를 국회 기자실에 배포했다. 아마 새누리당이 가장 미워한 정치인 베스트 5를 뽑아보면 유시민이 반드시 들어갈 거다.

유시민 장관 하고 다음에 뭘 더 하려고 한 게 아니고, 노무현 대통령 퇴임하시고 나면 복지 분야에서 사람들에게 인사받을 거리라도 만들어드려야 한다고 생각했죠. 임기 절반이 지날 때까지 한 게 거의 없고 임기 말까지 시간도 얼마 안 남았는데, 큼직큼직한 것 몇 개는 해놔야 그래도 참여정부가 진보 성향이고 복지 분야에서 이러이러한 거라도 했다는 평가를 받을 수 있지 않겠나 생각했죠.

그런데 국회 보건복지위원회에서 법안도 내고 이거 하자, 저거 하자, 해도 안 되는 거예요. 그래서 직접 장관으로 가서 다 하고 싶다고 했죠. 노무현 대통령한테 '어르신들 잘 모시겠습니다' '애 낳으십시오. 키워드리겠습니다' 공약해놓고 하신 게 없잖습니까, 막 그랬거든. 그러니까 아, 막 탄핵 당하느라 정신도 없고 그렇다 하시고.

김창규 으하하. 그때 독대였겠네요. 이거 재밌다. 대통령한테 막 핀잔주고.

유시민 독대지. 아, 독대는 아니지. 옆에 윤태영 씨가 다 기록하고 있었으니까. 그래서 '당은 재미도 없고 할 게 없으니까 내가 직접 가서 하겠으니 보내주세요' 했죠.

김창규 그때는 확신이 있으셨나 보네요. 그런 성격 아니잖아요. '나가서 이거 하고 싶어!'(웃음)

유시민 그렇지. 난 어차피 그때 고양시에서 또 출마할 생각이 없었거든. 별로 의미가 없다, 여기서 삼선을 하는 게. 그런 생각을 이미 하고 있어서 노무현 대통령 임기 끝나면 나도 공직 생활이 끝나는 거예요. 그런데 5년 공직 생활을 하는데 나도 뭔가 한 게 있어야 할 거 아니에요. 근데 계속 하자고 해도 안 되니까, 효도연금법 법안도 내고 국민연금법 개정안도 내고 건강보험 이렇게 바꾸자 해도 되지를 않으니까 '아, 이거 하려면 내가 장관으로 직접 가야겠다' 그래서 간 거고 대통령도 그런 뜻을 알고 있었고. 아, 담배 피워요?

김창규 네.

유시민 그럼 여기 문 열어놓고 담배 피웁시다. 내가 눈치를 싹 보니까 다들 피우는 것 같아.(웃음) 여기 문 열면 바람 불고 시원해요.

함께 있던 좌린, 홀짝 기자와 함께 폭풍 흡연. 사무실에 눈에 띄는 그림이 있어 물었다.

김창규 저 그림은 뭔가요?

유시민 십자수인데 전에 강원도에 국민참여당 여성 당원이 석 달인가 작업해서 만든 거예요. 원래는 봉하마을 갖다드려야 하는데 아직 기념관을 못 지었잖아. 그래서 말씀드렸더니 '그러면 유 장관님 가지고 계시다가 되면 그때 내주세요' 해서 갖고 있는 거지.

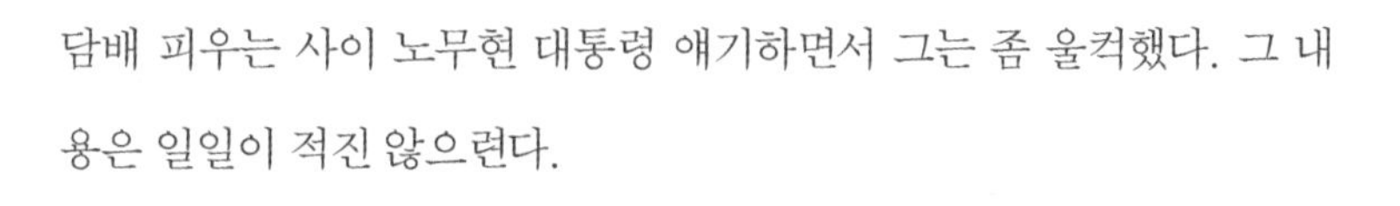

담배 피우는 사이 노무현 대통령 얘기하면서 그는 좀 울컥했다. 그 내용은 일일이 적진 않으련다.

유전이냐 환경이냐, 아빠 유시민

커피와 흡연을 벗 삼아 잡담이 이어졌다. 그의 책장도 구경했다.

김창규 현대사 책이 정말 많네요.

유시민 아, 《나의 한국현대사》 쓰느라 참고 자료로 본 건데.

김창규 강준만 씨 어떻게 생각해요? 제가 어릴 때부터 이분 책을 많이 읽어서 평이 궁금한데.

강준만의 현대사 관련 책이 빼곡히 꽂혀 있길래 질문을 던졌다. 유시민과 강준만은 열린우리당 필패론을 놓고 대판 논쟁했던 사이다.

유시민 내가 뭐 평이랄 것까지야. 아주 부지런히 지적 작업, 노동을 하시는 분이지.

김창규 작가로서 높이 평가하는 분은? '나도 이런 책을 쓰고 싶다' 하는 것이 있나요?

유시민 유홍준 선생도 아주 매력적인 작가고, 또 동물행동학 하시는 최재천 교수. 그분 글이 참 좋아요. 생각하는 데 참 많은 참고가 됐어요. 또 돌아가신 분이지만 이오덕 선생의 《우리글 바로 쓰기》. 그 분이 초등학교 선생님이라고 지식인들이 무시하는 것 같아. 그래서 난 노무현 대통령에 대한 것과 비슷한 그런 공분을 느껴요. 정말 훌륭한 책이에요, 그 책은.

김창규 혹시 진화론에도 관심이 많으세요?

유시민 그렇지. 다윈은 사상 최고의 지식인 중 하나지. 엄청난 사람이지 정말.

김창규 조금 본질적인 질문으로 들어가면 재미있을 것 같은데, 신이 있다고 믿나요?

유시민 있다 없다를 왜 따지냐 이거죠. 증명이 불가능한 것을. 그건 유신론자가 증명해야지 무신론자는 증명할 이유가 없어요. 우리의 오감으로 인지되지 않는 건 없는 거거든. 오감으로 인지되지 않지만 있다는 걸 증명하려면 주장하는 사람이 증명해야 돼. 만유인력의 법칙도 눈에는 안 보이지만 뉴턴이 증명했잖아요. 그러니까 주장하는 사람이 증명해야 돼. 난 신이 있다는 걸 증명한 사람이 없기 때문에 없다고 생각하는 거예요. 누가 증명하면 난 믿지. 없다는 걸 증명할 의무는 없고. 안 보이니까 없는 거지.

김창규 인간의 의미나 신 같은 문제에 대해서는 입장 정리가 다 되어 있는 듯한데.

유시민 종교라는 게 왜 일어났나, 모든 문명권에서 왜 이렇게 종교가 발전했나 그런 게 궁금하긴 하지. 그런데 진화생물학자들이 확실히 증명은 못 했더라고. 종교적 신앙을 가지는 것의 진화적 이점이 무엇인가에 대해 여러 가지 학설이 있고 많이들 탐구하고 있던데, 아직 그럴듯한 건 있어도 확실하게 논리적, 임상적, 경험적으로 제대로 나온 건 없는 것 같아.

김창규 아빠 유시민은 별로 알려진 적이 없는데, 혹시 자식한테 화낸 적 있나요?

유시민 화 안 내는 사람이 어디 있어. 키우다 보면 뭐, 소리도 지르고 그러는 거지.

김창규 때린 적은?

유시민 우리 딸내미 엉덩이 한 번 때린 적 있어, 어렸을 때. 그리고 후회를 엄청 했지.

김창규 아니, 후회할 건데 왜 때렸어요?(웃음)

유시민 기억은 잘 안 나는데 내가 화나서 때린 거지. 자식을 키운다는 건 의무와 부담이 굉장히 크거든. 대개 가정 폭력이 발생하는 건 인성이 나빠서 그런 것도 있지만 과도한 짐이 부모에게 지워져 있을 때, 그걸 감당 못 해서 힘든 나머지 자기 감정을 통제하지 못하고 궤도에서 벗어나는 것이기도 해요. 그러니까 애를 위해서 때리는 게 아니고 자기를 통제하지 못해서 때리는 경우가 압도적으로 많다고 봐요. 학교도 마찬가지고. 자기가 화나서 때리는 거지 애를 위해서 때리는 건 아니거든.

김창규 어떤 경우든?

유시민 왜냐면 때릴 이유가 없거든. 때리는 건 굴복시키려고 때리는 거지 변화시키려고 때리는 건 아니거든.

김창규 사랑의 매는 없다고 보는 거군요.

유시민 사랑의 매는 없어요. 그런 건 존재하지 않아요. 난 그 말 자체가 형용모순이라고 봐요.

김창규 보통 자기 아버지나 윗대에서 느낀 것 중 싫은 건 물려주기 싫잖아요.

유시민 그렇지.

김창규 본인 경우에는 그게 뭐였나요?

유시민 우리는 한 세대 전이니까 아무래도 아버지들이 약간 억압으로 느껴졌지. 그렇잖아요.

김창규 예전에 아버지가 청렴한 교사셨다고 평한 건 봤는데.

유시민 그와 별개로 우리 아버지는 학교에서 애들을 때렸대. 나는 우리 아버지한테 안 맞아봤거든. 그건 우리 아버지가 잘못한 거라고 생각해. 자기 아들 안 때리면서 남의 아들을 왜 때리냐고. 우리 아버지가 제자들을 사랑하는 마음이 부족했던가 사랑하는 방법을 잘못 생각한 거죠.

김창규 혹시 자식 키우면서 이건 이래야겠다 정해놓은 게 있나요?

유시민 자식을 키우면서 동등한 인격체로 대하는 것이 제일 중요한 거지. 대개 자식을 잘못 대하는 게, 사회적 존재니까 성장 과정이 있고 시간이 걸리는 건데 빨리 철이 들고 빨리 책임 있는 행동을 하길 원한단 말이에요. 부모가 원하는 것과 같은 속도로 올라오는 아이들도 있지만 그렇지 않은 아이들도 많죠. 공부도 그렇고. 인지적, 정서적, 정신적 면에서 빨리 성장해주면 좋은데 애들마다 차이가 있고 어른들이 원하는 만큼 빨리 안 올라오니까 어차피 올라올 건데도 1, 2년 앞당겨서 하려니 강압을 하는 거예요. 그래서 애를 키우려면 많은 인내심이 필요하죠.

김창규 그 인내심이란 힘으로 굴복시킬 수 있음에도 불구하고 아이를 자기와 동등한 인격체로 인정하는?

유시민 그렇죠. 걔도 인생을 살아가야 하는 주체니까 말로 해야지.

김창규 진화론 얘기랑 아이들 얘기가 나온 김에 질문해보겠습니다. 사람이 유전과 환경을 따지잖아요. 유전이냐 환경이냐는 오랜 논쟁거리고. 유전, 환경, 어느 쪽입니까?

유시민 유전이 더 크다고 봐요. 아, 유전이라기보다 생물학적 우연이 더 결정적인 것 같아요. 성격, 기질, 타고난 하드웨어. 우리 중학교 아들은 책을 안 읽는데 대학교 다니는 큰놈은 어릴 때부터 책벌레였어요. 생후 두세 달 때부터 책을 읽어주면 가만히 듣는 애. 말도 못 할 책벌레.

근데 둘째는 책을 안 읽어. 세상에서 책이 제일 싫대. 이걸 뭘로 설명할 거야? 환경을 생각하면 지금은 책 읽는 누나까지 있으니까 독서와 관련해서는 더 좋은 환경인데, 그런데도 안 읽어요. 텍스트로 된 정보를 취득하는 걸 힘들어 해. 음성 정보, 영상 정보의 세상이라는 시대의 차이뿐만 아니라 애 특성의 차이가 있어요. 도저히 어떻게 할 수가 없어. 그래서 축구 잡지를 사다줘. 축구만 좋아하니까. 스마트폰으로 축구 기사 검색하고 축구 블로그 운영하고 그래서 《피파 마피아》 이런 책도 사다주는데 또 안 읽어.

반대로 우리 딸은 TV도 안 보고 라디오도 안 듣고 오직 텍스트로 된 것에만 관심이 있어. 이걸 어떻게 설명할 거야? 환경의 영향은 거의 없다고 봐야 돼요.

김창규 그럼 유전적 영향도 배제되는 것 아닌가요? 사모님도 그렇고 두 분은 엄청난 독서광이잖아요.

유시민 우리 유전자 중에 활성화되는 유전자는 5퍼센트밖에 안 돼요. 나머지 95퍼센트는 잠겨 있고. 그래서 생물학자들이 한때는 쓰레기 유전자라고 불렀는데, 그게 쓰레기가 아니라는 거예요. 유전자는 혼자서 발현 못 해요. 다른 협동 유전자를 만날 때에만 발현되는데 활성화되지 않은 유전자가 나랑 집사람에게 95퍼센트가 있고 그게 재조합되면서 어떤 유전자풀이 되는지에 따라 활성화되는 유전자가 다르겠죠.

그래서 내 딸 같은 경우는 텍스트를 좋아하는 유전자를 잘 만나서 그런 것일 수도 있고, 아들은 그걸 못 만나서 그런 걸 수도 있어요. 그걸 어떡하겠어요. 쥐어박는다고 활성화가 되나? 늦게 발현될 수도 있지. 그래서 우리는 '언젠가는 책을 읽을 거야' 하고 기다리지. '무슨 일에 종사하든 책을 많이 읽은 사람과 그렇지 않은 사람은 퍼포먼스에서 큰 차이가 있어' 그러면서. 근데 그것도 축구를 예로 들어줘야 돼.(일동 웃음)

아들이 제일 높이 평가하는 해설자가 한준희 해설위원이야. 너는 왜 한준희 해설위원이 제일 수준 높다고 생각하느냐고 물어봤더니 그 해설위원은 유럽 빅 리그의 2부 리그팀 선수도 다 꿰고 있고 심지어 유소년 선수층까지 다 꿰고 있다는 거야. 축구 해설위원을 하려면 그 정도는 해야 된대요. 그래서 '한준희 해설위원은 그걸 다 어디서 얻었겠니? 자료를 봐야 되는 것 아니야. 그만큼 책을 많이 읽었다는 거야, 어렸을 때부터' 이렇게 말하지.

보면 축구 해설할 때 브라질이랑 아르헨티나가 붙었다, 레알마드리드랑 바르셀로나가 붙었다고 할 때, 그냥 '팀 컬러가 다르다' 이것만으로는 설명이 부족하잖아요. 스페인의 역사에서 마드리드, 그리고 카탈루냐 공화국 수도였던 바르셀로나 사이의 중세 이후 내려온 라이벌 의식과 문화적 차이, 인종과 언어의 차이를 알아야죠. 게다가 프랑코 집권 기간 혹은 집권 과정에서 바르셀로나가 마지막 항전지였다는 것. 그다음에 마드리드는 우리나라 대구 같아서 내륙 중심에서 안으로 다 빨아들이는 집중형의 스타일인 반면, 바르셀로나는 지중해에 면해 있어서 개방적이고 해양 문화의 영향을 많이 받았다, 이런 걸 알면서 축구를… (술술술)

아들 축구 얘기하다 문화와 역사적 맥락이 담긴 한 편의 강의가 쏟아진다. 축구에 별 관심이 없어도 그의 이야기는 흥미로웠다.

김창규 으아, 이런 축구팀의 역사적·문화적 맥락을 아들한테 다 말해준단 말이에요?

유시민 그러니까 이런 걸 모르고 그냥 감독 이름, 선수 이름, 경력, 특성, 이런 것만 알고 해설하는 사람과의 차이는 되게 크다, 고로 축구 해설을 하는 데도 역사를 알아야 된다, 이러면 고개를 끄덕끄덕하긴 해요. 근데 안 읽어.(일동 웃음)

김창규 아버지가 이렇게 설명해주면 책 읽을 필요를 못 느낄 것 같은데. 아버지가 문제 아닌가요?(웃음)

유시민 텍스트를 읽는다는 것의 중요성은 우리 모두 인정하지만 모든 아이들이 그걸 좋아하게 만들기는 어려워요. 어쩔 수 없지. 우리가 할 수 있는 거라곤 필요성을 얘기해주는 것, 환경을 조성해주는 것뿐이죠. 하지 않는 것보단 낫겠지. 그렇게 나가면 환경의 영향도 어느 정도 있겠죠. 하지만 생물학적 우연이 압도적으로 많은 것을 결정하는 것이고, 사람이 잘 살아가려면 그것을 인정하고 받아들이고 살아가는 것이 중요하다, 난 이렇게 봐요.

김창규 당연히 사람마다 본성과 기질이 다르다는 건 인정하시겠네요. 백지, 뭐 이런 게 아니라.

유시민 그렇지. 보편적 본성이 있고 개별적 기질과 성격이 있는 거지.

김창규 그건 안 바뀐다?

유시민 뭐, 바뀌는 경우도 없진 않겠지. 옛말에 '성격이 팔자다'라는 말이 있는데 그게 맞는 것 같아. 가끔 동창회 가서 고등학교 친구들을 만나면 지금 쉰다섯인데 우리 열여덟, 열아홉 때 모습이랑 거의 똑같아요.

김창규 고등학교 때 어땠어요? 친구들한테 사랑 많이 받았어요?

유시민 괜찮았지 뭐.

김창규 왠지 친구들은 막 위로받고 싶은데 냉정하게 말하고 비판하고 판단하고 그러지 않았나요?(웃음)

유시민 고등학교 때는 그럴 일이 별로 없지. 그런데 괜히 힘없는 애를 괴롭히는 애랑 한바탕 한다던가 그런 일은 있었지. 의자 막 집어던지고 다 부서지고. 힘은 내가 달리는데. 학교에서 머리카락 길이를 2센티미터까지만 허락했는데 고3 여름방학 끝나고 내가 3센티미터까지 길렀거든. '밀기만 해봐라, 자퇴해버린다'는 각오로. 뭐, 자퇴해도 검정고시 보면 되니까.

김창규 이건 공부를 잘하니까 그걸 이용하는 거다. 치사하다!

유시민 그렇지.(웃음) 공부를 잘한다는 권력을 이용해서. 그러니까 개학하고 애들은 '저거 언제 밀리나' 그게 초미의 관심사야. 그래서 담임선생님한테 '저희 4개월만 있으면 겨울방학 들어가고 졸업하잖아요. 대학 들어가고 사회 나가면 머리를 어느 정도 길러야지, 이렇게 빡빡 깎고 그러면 너무한 것 같아요. 그래서 스포츠 머리를 했어요' 그랬지. 과목 선생님들이 들어올 때마다 뒤통수를 치거나 한번 만져보고 가거나 '짜식' 이러고 지나가면서 며칠 동안 안 밀렸어. 그러니까 애들이 '어? 저거 왜 안 밀지?' 이러고. 선생님들은 '저거 밀면 걔 학교 안 나올지도 모른다'고. 그래서 학교 교칙을 바꿨어. '3학년은 2학기 때부터 스포츠 머리를 허용한다. 앞머리 3센티미터.' 내가 그런 싸움은 좀 했어.

김창규 야, 이건 정의롭지만 권력을 이용할 줄 아는 거네요(웃음). 공부 못하는 애가 했으면 안 먹혔을 텐데.

유시민 그렇지. 내가 공부 잘하는 학생이었으니까. 그래서 이런 참여 속의 개혁이 중요한 거야.(일동 폭소와 야유) 어떤 시스템 안에서 주도적인 지위로 간 다음에 위로부터 개혁을 한다, 이것도 의미가 있는 거예요.(웃음)

김창규 뭐, 이건 노무현 대통령을 응원하면서 취한 스탠스랑 비슷한 맥락이라고 봐요.

담배 피우며 이래저래 수다를 떨다 보니 별 얘기가 다 나온다. 무엇보다 자연인 유시민으로 돌아온 뒤 그는 훨씬 잘 웃고 훨씬 유쾌하고 훨씬 편해 보였다.

조금 껄끄러운?

김창규 아까 정동영 얘기가 잠깐 나왔잖아요. 정동영 씨에 대한 개인적인 평은 어떤지 궁금한데요.

담배 피우며 잡담하던 중 김근태, 정동영 장관 내정 당시의 이야기가 잠시 나왔었다.

유시민 뭐, 얘기할 필요 있나. 난 정치도 그만뒀고. 그냥 좀 안쓰럽지. 한때 굉장히 촉망받는 리더였는데 나만큼이나 망했잖아?

김창규 그런가요? 그만큼이나 망한 건가요?(웃음)

유시민 그 정도로 망했지. 지금 국회의원도 아니잖아.(웃음) 그런 데 동병상련도 느끼고, 한때 대선 후보 지지율도 꽤 나갔는데, 안쓰럽지.

김창규 이걸 물은 이유는 유시민이라는 사람의 기질을 볼 때 둘이 안 친할 것 같아서.

유시민 뭐, 친한 사람 없어요, 정치권에.

김창규 친하다는 의미와 달리 별로 마음에 안 들어 할 것 같아서.(웃음)

유시민 특별히 그런 건 없어. 그 양반도 자기 스타일대로 자기 역량, 범위 안에서 열심히 했던 사람이니까.

김창규 정치인 중에 '와, 이 사람 이건 정말 맘에 안 든다' 이런 사람은 없었던 거예요?

유시민 뭐, 있지만 지금 와서 굳이 그 얘기를 해봐야 뭐 하겠어. 괜히 듣는 사람 기분이나 나쁘지.

김창규 누구랑 제일 안 맞았나요?

유시민 전반적으로 다 안 맞았어요. 괴상한 놈이 정치를 했으니. 다 지나간 일인데 누구랑 친하고 누구랑 안 친하고 지금 와서 뭐 의미가 있나.

김창규 참여정부 들어가서 새로운 사람도 많이 만났을 거 아니에요? 가까운 사람도 생기고. 정치판에서 있는 꼴 없는 꼴 다 보면서 통하는 사람도 분명 있었을 텐데.

유시민 나랑 가까웠던 사람은 지금 대부분 국회의원이 아니에요. 몇 사람만 살아남았고. 그나마 나하고 친한 사람 중에 살아남은 사람이 경기도 성남의 김태년, 관악의 유기홍, 부평의 홍영표, 그 정도지. 전주의 이광철부터 해서 뭐, 다섯 명보다는 많았어. 근데 대부분 잘 안됐지.

김창규 사람 볼 때 어디서 마음이 맞아요?

유시민 난 좀 비굴하지 않은 사람이 좋아. 그냥 자기 색깔대로 살아가는 사람. 나랑 좀 달라도.

그가 노무현 대통령을 좋아했던 맥락.

김창규 친노 정치인이라고 불리는 사람 중에는 그렇게 비굴한 사람은 없지 않았나요?

유시민 친노니 뭐니 따지지 말자고. 지금은 그 경계도 모호하고. 비굴한 사람도 많지. 정치권에는 참 많지. 회사도 보면 사주한테 잘 보여야 진급도 하고 보직도 올라가고 그렇잖아. 그런 것처럼 정치권에도 당권을 쥔 사람한테 줄 서서 공천도 받고 이러는 게 일반적이거든. 그러니까 일반 회사랑 같지. 정당이 기업 같고 국회의원이 사원 같은 느낌, 난 그런 게 싫었던 거지. 정당을 이렇게 회사처럼 놔두면 안 되고 공적 조직으로 발전시키기 위해 거기에 필요한 내부 규칙과 운영 규정과 문화를 만들자, 난 그렇게 주장했는데 위험을 감수하면서 그런 주장을 하는 사람은 소수고 대부분은 뭐, 안 그러니까. 그래서 결국 야당이 저렇게 있는 것 아니에요? 결국 안 되는 거구나. 정당은 결국 기득권 집단이 됐고 회사처럼 운영되는구나. 대주주가 있든 소액주주 연합이든. 이제 어쩔 수 없나 보다. 그렇게 생각하지.

김창규 그러면 지금까지 만들거나 몸담은 정당들은? 개혁국민정당이나 뭐, 한 역사 하셨는데.

유시민 그거야 《딴지일보》에서 얘기 많이 했는데 뭐. 괜히 그 얘기 하면 시끄럽지. 그냥 뭐, 이인제 씨는 지구를 한 바퀴 돌다 보니까 열한 번 당적을 바꿨다 그랬는데, 난 지구를 반 바퀴 돈 셈이다 하고 생각해야지. 지구를 반 바퀴 돌다 보면 한대 지방도 가고 열대 지방도 가고 이상한 언어 쓰는 사람도 만나고 그렇게 되는 거잖아요. 나름 10년 동안 모험을 하고 고향으로 돌아온 거지.

함현식 길지 않은 시간 동안 많은 시도를 하셨는데 잘 안된 거잖아요.

유시민 안될 거를 한 거지. 안될 거라 생각하면서도 혹시 될지도 모르니까 해본 거지.

주하아린 믿고 따랐던 사람들은 어떻게 하죠?

유시민 할 수 없지. 어떡해.(유시민 외 일동 폭소) 미안합니다, 죄송합니다, 이외에는 뭘 어떻게 할 수가 있겠어요.

김창규 많이 듣던 말 중 하나가 '정당 브레이커'인데.

유시민 내가 정당 브레이킹을 한 적이 없어요, 솔직히. 개혁당은 열린우리당에 가서 참여한 거지. 다만 법상 해산, 법상 통합, 뭐 그게 안 된다며 뒤에 법적 절차가 껄끄러웠던 거고. 국민참여당도 통합을 한 거잖아요. 그렇게 생각하면, 우리가 정치 지형이 완성되어 있지 않기 때문에 정당 사회의 이합집산이나 연합, 통합은 해방 이후 지금까지 늘 있었던 건데, 왜 나보고…

김창규 억울하다?

유시민 지랄이야.(웃음)

김창규 으하하하. 이왕 껄끄러운 얘기 나온 김에 몇 개 더 건드려보자면, 노무현 대통령 얘기 나올 때 꼭 나오는 것이 FTA와 이라크 파병이잖아요. 이런 걸로 요즘은 안 시달립니까?

유시민 말도 하기 싫어. 그냥 나 너 싫어, 라는 얘기로 알죠. 내가 백날 설명하고 얘기해도 소용없어요. 《딴지일보》에서 인터뷰를 실어도 소용없고. 그냥 욕먹고 말지. 그걸 굳이 내가 이랬네 저랬네, 뭐하러 말해. 귀하가 나 싫어하는 거 알겠어, 그러고 끝내는 거지 뭐.

가장 불행했던 시절, 가장 행복했던 시절

김창규 벌써 추모 5주기인데, 노무현 대통령이 언제 제일 그립나요?

유시민 특별하게 이럴 때다 그런 건 없고 그냥 문득문득 생각나는 거지. 5월 23일 되면 행사도 많고 책도 만들고. 작년엔 시집이고 올해는 《그가 그립다》 만들고. 이럴 때 더욱 생각나긴 하지만 특별히 이럴 때가 그립다, 그런 건 없어요.

김창규 유시민 본인은 언제 가장 불행했나요?

유시민 정치할 때가 제일 불행했지.

함현식 그럼 정치할 때 중에선 언제 가장 행복했나요?

유시민 정치인은 행복이 없어요. 자기가 행복하려고 하는 일이 아니기 때문에. 욕망으로 하든가, 아니면 운명으로 받아들이고 하든가 그렇게 해야지. 이건 내 운명도 아니고 욕망도 없다, 그러면 고달프지. 그런 사람은 오래 못 하는 거지.

김창규 노무현 대통령을 처음 만났을 때와 대통령 재직 시절, 그리고 그 후 달라졌다고 느낀 것이 있었나요?

유시민 그런 건 없어요. 아, 진짜 자기 성깔대로 사네. 아, 이 양반은 진짜 안 변해, 진짜. 때로는 아오(한숨), 좀 다르게 하면 좋겠구만.

김창규 안 바뀌었군요. 생긴 그대로. 뉴스의 뒤편에서도.

유시민 자기 색깔대로 사는구나 했지. 할 수 없지 뭐. 어떡해요. 안 바뀌어요, 사람. 특히 나이 오십 돼서 아무리 높은 자리 가도 안 바뀌어요. 바뀐 것처럼 연기할 수는 있겠지. 바뀌어도 아주 약간은 모르겠는데 컬러 자체가 바뀌진 않아요.

김창규 본인이 노무현 대통령을 좋아했던 부분은 잘 알려져 있고, 그럼 거꾸로 노무현 대통령이 본인을 싫어했던 부분은 뭘까요? 맘에 안 들어 했던 것.

유시민 맘에 안 드는 거야 많지, 많았지. 퇴임하시던 날, 봉하에서도 그러셨잖아. 내가 쓴소리도 많이 한다고.

김창규 하하, 기억난다.

유시민 내가 쓴소리도 많이 하고 이거 하지 마세요, 저거 하지 마세요, 그런 얘기 엄청 많이 했거든. '대통령님 왜 이런 걸 하십니까?' '원포인트 개헌 하지 마세요' '대연정 그것도 누울 자리 보고 발을 뻗으셔야지 지금 이게 뭐 하는 겁니까?' 하면 '아니, 말도 못 해? 말도! 이런 문제가 있다는 걸 얘기는 해야 할 거 아냐!' 이러시고.(웃음) 그럼 난 '대통령님이 되지도 않을 일을 왜 말하십니까? 그런 건 우리가 말하면 되는 건데' 또 그러고. 그런 게 많았지.

노무현 대통령하고는 어떤 자유주의적 합리성이랄까, 세상을 보는 눈이 참 비슷했어요. 길게 얘기하지 않아도 소통이 잘되는 편이었지.

김창규 딱 보면 아는?

유시민 그렇지. 대충 길게 설명을 안 하셔도 '아, 이건 이래서 이렇게 하신 거구나' 하고 대충 다 짐작이 되지. 그런데 난 장기적으로 국가가 이래야겠다는 생각이 있어도 임기 중에 좀 빛나는 것, 사람들이 좋아할 만한 것, 폼 나는 것 좀 하시라고 노상 말씀드렸는데.

김창규 포퓰리즘 같은 것?(웃음)

유시민 인기영합주의 이런 것 좀 하셔야 된다고 했지. 그런데 그런 점에선 참 황소고집이셨지.(한숨)

김창규 아니, 본인이 안 그러면서 왜 그렇게 계속 강요했대요?

유시민 난 대통령이 아니잖아.

함현식 아니, 그럼 대통령 되셨으면?

유시민 난 하지. 되면 하지.(일동 웃음)

함현식 해야 대통령도 될 수 있는 거 아니에요?

유시민 근데 난 '하고 싶다' 이런 것도 없고 '그만큼 했음 됐다'고 생각하지. 학교 다닐 때 데모도 하러 다니고 칼럼 쓴다고 제 잘난 맛에 내가 뭐라고 남 비판도 많이 했고. 그러니까 남한테 비판받는 것도 당연하고. 또 대통령 총애받아서 장관까지 해먹었으니까 시기의 대상이 되는 것도 너무 자연스럽고. 인간이 그랬으면 좀 겸손하게 굽신거리고 이래야 되는데 그러거나 말거나 제 소신껏 막 하니까 싸가지 없다는 소리를 듣는 것도 너무 당연하고. 그런 거예요. 세상에는 공짜가 없어요. 좋은 게 있으면 다 대가를 치러야 되는 거고. 학생 운동, 민주화 운동 10년, 정치 10년, 내 길지도 않은 인생에 그렇게 했으면 인간의 도리는 어느 정도 한 거 아닌가, 그런 생각도 좀 있고.

김창규 정치에 대해서는 후회가 없다고 하셨는데 지금 말씀하시는 것 보면, 체념이라고 못 박는 것은 그렇고 '그래, 그 정도면 됐지, 음, 됐어' 하는 느낌이 있네요.

유시민 그렇지. 그 정도면 양심의 가책까지는 안 느껴도 되는 거 아닌가, 그런 생각도 좀 하고. 근데 '그때 좀 더 할 걸' 하는 마음은 있지. 이제는 나한테 없는 것이 요구되는 그런 일은 맞는 사람이 하도록 하고, 난 내가 가지고 있는 것, 내게 자연스러운 것으로 세상과 관계를 맺어가면 되고, 뭐 그런 생각이지. 그게 글쓰기고.

김창규 역사에 가정은 없다지만 노무현 대통령이 살아 있었다면, 그

일이 없었더라면, 박근혜 정권에서 뭔가 달라질 것이 있었을까요?

유시민 다를 것 없다고 봐요. 뭐 다르겠어요.

김창규 맥락을 좀 더 정밀히 해야 할 것 같은데, 흐름이 이렇다고 생각하는 건가요?

유시민 네. 그게 큰 흐름이라서 소소한 결로는 크게 달라질 게 없어요.

김창규 그럼 사람들이 노무현 대통령이 살아 있었다면 달랐을 것이라고 하는 것에 대해서는?

유시민 그건… 달라지는 게 있었을까.

김창규 두 분이서 술은 한잔 했을 텐데.

유시민 굉장히 괜찮은 지적 파트너였는데, 대화도 잘되고. 그런 점이 아쉽지.

김창규 두 분이서 얘기하는 것을 옆에서 보면 재밌었을 것 같아요.

유시민 출판사에서 대담집 내자고 제안이 많이 왔겠지.

웃으며 얘기하는데 유시민의 눈시울이 붉어진다.

김창규 이번 추모집은 어떻게 해서 나온 건가요?

유시민 내 팬클럽이 여전히 있어요. 정치인 팬클럽이었다가 이제는 작가 팬클럽으로 있는데 그 안에 커뮤니티가 여러 개 있어요. 야구, 등산, 낚시, 당구 모임 같은 것이 있는데 그중에 문학광장이라고 글 쓰는 사람들 모임이 있어요. 거기서 처음 기획해서 발의했던 거거든. 노무현 대통령 얘기만 하지 말고 각자 자기 사는 얘기 좀 써보자고 얘기가 나온 거예요. 김갑수 씨 글도 참 재밌고, 요리사 얘기도 나오고, 이발사 얘기도 나오고, 모아보니 재미있더라고요.

김창규 마지막 질문. 두 분이서 언제 가장 행복했나요?

유시민 퇴임하시고 나서 봉하 사저에 계실 때인데, 시민광장(유시민 팬클럽) 분들이 있어요. 노사모의 부분집합인데, 완전 부분집합은 아니고 교집합이 있죠. 그러니까 노사모의 일부에 노사모가 아닌 사람이 약간 있는 그런 커뮤니티죠. 그분들이 지금은 광주 5.18 묘지하고 김대중 대통령님 묘지하고 노무현 대통령님 묘지에 매주 꽃바

구니를 보내고 있어요. 매주 세 군데에. 그리고 자기들끼리 각 지역별로 봉사 활동도 많이 하고. 그렇게 각자 자기들이 할 수 있는 방식으로 추모 사업에 참여도 하고 그래요. 오리 풀기 할 때나 숲 가꾸기 할 때 주말에 버스 대절해서 봉하마을에 자원봉사도 많이 가요.

그러니까 봉하마을 뒷산에 숲길 만든다고 숲 가꾸기 할 때였는데, 김해시에서 와서 베어낼 나무들을 다 표시해놨어요. 가서 나무 베고 끌어내고 이런 자원봉사였는데 그때가 제일 괜찮았던 거 같아요. 퇴임하시고 나서. 같이 산에 올라가서 나무도 베고 잔디밭에서 간담회도 하고 막걸리도 마시고. 그때가, 그때가 제일 괜찮았던 것 같아요.

유시민의 욕망은 유시민이라 좋다

녹취록을 들으며 정리하다 보니 쓰지 않았으면 더 좋았을 거란 생각이 든다. 대화의 즐거움을 애써 텍스트로 만들어 희석시키고 싶지 않았기에. 특별한 주제를 가지고 간 것도 아니었다. 이 사람은 편하고 즐겁고 재미있는 데다 유익하기까지 하니까. 이 모든 걸 한 사람이 다 가지기란 거의 불가능하다.

난 자연인 유시민뿐만 아니라 정치인 유시민에게도 호감을 가지고 있다. 현재진행형으로. 대한민국에서 정치인이 취해야 할 기본 스탠스란 게 있다면 유시민은 거기서 벗어난 게 맞다. 다만 점잔 빼지 않고 스스로의 생각을 있는 그대로 공유하려 애쓰던, 누군가에게는 발악하는 모습으로 보였을 그 배짱이 좋았다.

유시민에게서 보이는 욕망은 그가 가장 마음에 드는 지점이다. 그의 욕망은 돈도 권력도 그리고 국민도 아닌, 그냥 유시민이었다. 많은 사람과 충돌하는 지점도 바로 이것이었다고 본다. 돈에 대한 욕망, 자리에 대한 욕망, 권력에 대한 욕망 아니라 '내 생각이 이런데 왜 막 숨기고 아닌 척해야 돼' 하며 자기 자신으로 승부를 보는 유시민 컬러로 나아간 것. 대부분 나이 들면 못 하는 것이고, 조직에 들어가면 더 못 하는 건데 그래도 똥배짱으로 하니, 나는 좋았다.

거기엔 유시민 본인이 살면서 쌓아온 자기 잘난 맛의 영향도 상당 부분 있으리라. 그 과정에서 그를 싫어하는 사람도 생길 수밖에. 가면을 벗고 가는 거니까. 경험해보지 못한 이질감이니까. 그래서 애써 정치인 유시민과 작가 유시민, 자연인 유시민을 나누고는 이쪽은 싫은데 저쪽은 좋았다고 말하고 싶지 않다. 나는 유시민의 그 점이 좋았으니. 정치할 때는 물론이고 말과 글에서도 자신의 욕망에 거짓되지 않음을 일관성 있게 보여주어 더욱 그러했으니.

하고 싶은 거 맘껏 하는데 보는 사람이 재미있고 유익하다면 그야말로 '레어템'이다. 이 정도 되는 한량을 보유한 이상 계속 퍼다 쓰는 것이 옳겠다. 이 남자의 재능, 적극적으로 사회에 환원할 필요가 있다.

유 홍 준

미술평론가, 前 문화재청장

유홍준, 옳다

출판사가 신뢰하는 작가군이 있다. 그 신뢰는 출판사 직원의 밥을 먹여주냐 안 먹여주냐, 즉 판매 부수에 비례한다. 사생활이 난잡하든 인품이 어떻든 작가는 부수로 증명해내지 못하면 스러져갈 운명이다. 그냥 책 한 번 내본 사람으로 말이다.

다만 불공평하게시리 그 너절한 운명이 온전히 남의 일인 사람도 있다. 이미 2012년 초에 300만 부. 게다가 인문서. 그것도 한국에서. 유홍준 교수의 《나의 문화유산답사기》 얘기다. 이 역대급 시리즈는 지금도 계속 나오고 있다.

딱 하나만 믿는 자, 유홍준을 만나다

인터뷰, 때려치울까?

유홍준을 만난다고 하니 다들 조심하란다. 심히 꼬장꼬장하다고. 게다가 인터뷰를 무지하게 싫어한단다. 기자라는 직종도 딱 그만큼 싫어한단다. 아니나 다를까, 인터뷰 시작과 동시에 그가 던진 말.

"책에 쓴 걸 왜 또 얘기해야 돼. 피곤해. 인터뷰하기 싫어."

취재도 아니고 본인이 싫다는데 굳이 할 이유는 없다. 하지만 안타깝게도 내가 그의 팬이다. 그래서 참고 진행했다.

김창규 제가 일본 문학사 전공인데 《나의 문화유산답사기》 일본 편을 보고는 그 흐름에 놀랐습니다. 문화, 사람, 역사, 그냥 다 유려하게 연결이 되던데요? 일본에 관한 책 중에서 《축소지향의 일본인》을 감탄하면서 봤는데, 그 맥락과 연결 지어 일본 문화재를 이해해

도 되는 건가요?

유홍준 그건 거기 가서 물어봐. 나한테 할 질문을 해.

저릿저릿 쏘아붙인다. 맞는 말이니 할 말 없다.

김창규 좋습니다. 왜 일본인가요?

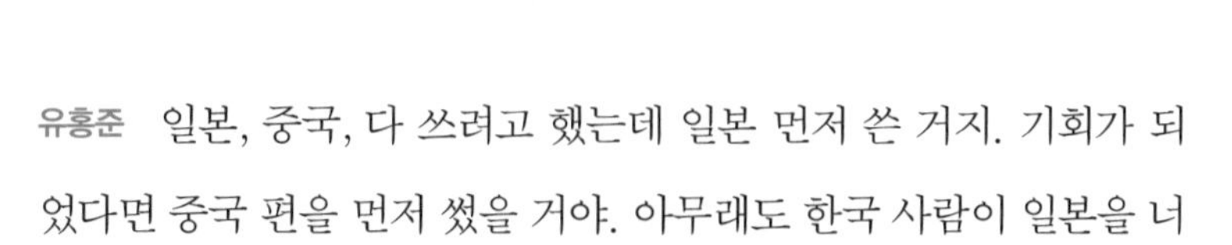

유홍준 일본, 중국, 다 쓰려고 했는데 일본 먼저 쓴 거지. 기회가 되었다면 중국 편을 먼저 썼을 거야. 아무래도 한국 사람이 일본을 너

무 잘 모르니 먼저 썼을 뿐이야.

김창규 한국 사람이 제일 많이 가는 곳이 도쿄인데, 거리를 걷다 보면 도쿄에도 문화유산이 많잖아요. 현대 정치·외교의 중심이고.

유홍준 난 안 써. 교토 편만 쓰고 끝낼 거야.

김창규 딱히 이유가 있나요?

유홍준 미술사의 입장에서 봤을 때 거기서 끝이지. 오사카나 도쿄는 안 쓸 거야. 내가 다 써야 할 이유도 없고. 모르는 걸 억지로 쓸 순 없는 거야. 난 문화유산을 미술사로 얘기하는 게 낫지, 내가 정치·외교를 가지고 얘기하는 건 건방진 거지.

김창규 책을 보면 문화재랑 연애한다는 느낌이 있는데.

유홍준 본인이 그렇게 느꼈으면 된 거고.

인터뷰 분위기는 극악이었다. 게다가 일정이 바빠 한 시간 뒤 바로 나가봐야 한단다. 내가 그의 팬이 아니었다면 때려치우고 나왔을지 모르겠다. 허나 그가 자신을 만나러 온 사람이라 해서 친절할 의무는 없다.

난 타고나지 않았다

김창규 처음 《나의 문화유산답사기》를 쓸 때와 지금을 비교해보면 10년이 넘게 흐른 만큼 글 쓰는 스타일도 좀 달라진 것 같습니다.

유홍준 문화재를 보면서 나 자신도 성장하지. 처음에는 문화재 자체, 하나에 집중해서 세밀하게 봤는데, 나이가 들면 아무래도 폭넓게 보는 시각이 생겨. 똑같은 이야기도 40대와 60대가 다를 수밖에 없어. 사람들이 답사기를 샤프하게 썼다고도 하고 변질됐다고도 하는데 내 기조가 바뀐 건 아니야. 아래서 위로 쳐다보던 것을 위에서 아래로 보는, 그런 차이는 있을 거야.

김창규 아래, 위? 무슨 뜻입니까?

유홍준 그냥 이해해. 〈설산도〉라는 조선시대 그림이 있는데 그 작품을 보면 그림 전체에 나오는 삼엄한 기상이라든지 어떻게 18세기에 저런 그림이 있었을까 하는 걸 느끼지. 박물관에서 그 작품을 봤을 때 감동적이었어. 아주 싱거운 것 같지만, 선비의 곧은 기상 같은 게 느껴지거든. 문화재를 보는 데 타고난 것이 있다고는 생각 안 해. 자기 자신의 관심, 경험의 축적, 그리고 좀 더 정확하게 봐야겠다는 의지, 욕구가 결합하면서 안목이 넓어지는 거지.

김창규 "어떤 사람은 나면서부터 알고, 어떤 사람은 배워서 알며, 어떤 사람은 노력해서 안다. 그러나 이루어지면 매한가지다"라는 공자의 말이 책에도 인용되어 있는데, 솔직히 교수님은 좀 타고난 거 아닙니까?

유홍준 내가 그렇게 얘기할 수는 없는 거고.

안 넘어간다. 그보다는 대놓고 자신을 높이는 모든 종류의 일을 남사스럽게 생각하는 분위기다. 칭찬하면 강도 높게 부정하는 사람들 있지 않은가? 마치 좋아하는 사람이 아파서 걱정되면 걱정하는 마음을 온전히 드러내기보다 화를 내는 츤데레 유형이랄까.

김창규 보통 확 오는 느낌을 낚아채서 쓰는 게 힘들잖아요. 그런데 교수님은 그걸 낚아채서 쓰지 않습니까. 그래도 결론적으로 교수님은 배워서 안다는 겁니까?

유홍준 당연하지. 공부해서 아는 거지. 경험의 축적.

김창규 그럼 유명 예술 작품을 사진으로 찍어서 책으로도 많이 내는데, 그걸 보고 감동했다고 하는 경우는 뭡니까?

유홍준 사진을 본 거는 기억을 위해서 보는 자료일 뿐 감동을 위해 사진을 보는 경우는 없지. 어떤 천재도 그건 거짓말이야. 아니면 잘못 본 거지. 실제 작품은 그 사진과 똑같지 않거든. 그걸로 같은 감동을 받는 건 있을 수가 없어. 우선 디테일한 맛을 알 수가 없고 스케일이 다르니까.

김창규 아무리 많이 알고 똑똑해도 직접 가서 본 사람과 비교할 수 없다?

유홍준 문화재를 보지도 않았는데 뭘 얘기해? 일상 속에서 그걸 안고 사는 사람하고 무관심한 사람을 같이 논하는 건 있을 수 없는 일이야.

연예인 실물과 사진이 다른, 뭐 그런 건가 보다 했다. 하긴 우리가 언제 사진빨을 믿었던가.

그들은 일본인이다

김창규 일본 가서 문화재 관리 측면도 유심히 보셨을 것 같은데.

유홍준 일본은 문화재 수리를 끈질기게 해. 어느 기간 동안에는 완전히 수리를 하는데, 갈고 닦고 보존하는 데 선수야. 우리처럼 대충 있다가 문제가 생기면 그때 가서 수리를 한다든가 하는 게 아니고. 우리보다 문화재 보존 관리에서는 차원이 훨씬 높지. 예산 높고 관심 많고 50년 걸리는 보수 작업도 시작하고 있고. 그런 건 우리가 배워야지.

김창규 문화재청장 할 때 바꾸실 수 있지 않았나요?

유홍준 예이, 이 사람아. 그런 질문이 어디 있어. 내 맘대로 바꾸나? 조건 속에서 일하는 거지. 내가 하고 싶다고 할 수 있나. 예산이 있어야 하고 인력이 있어야 하는데.

문화재청장 시절 이야기가 듣고 싶었으나 당시 이야기와 정치적 사안에 그는 매우 불쾌한 기색이었다.

김창규 일본어는 얼마나 하시나요? 이런 책을 쓰려면, 특히 자료만 찾으려 해도 일본어를 잘해야, 아니 단순히 잘하는 걸 넘어 엄청난 고수여야 하지 않습니까?

외국에 관해 전문가처럼 이야기하면서도 사실 그 나라 언어 하나 제대로 못하며 사기 치는 사람이 많다 하여 대놓고 물었다.

유홍준 내 일본어는 괴이한 일본어야. 학원을 다닌 일도 없고. 미학과에 들어갔는데 책을 읽고 싶어도 읽을 만한 책이 없었어. 대학 도서관 가니까 일본 책이 엄청 많더라고. 선배들 중에 일본어 책을 읽는 사람이 많았지. 초·중급 책이 있었는데 초급을 독학했어. 한자를 하다 보니까 읽게 되더라고. 내가 가지고 있는 책 중에 일본 책이 엄청 많아졌지. 영어 책 아니면 일본어 책이지. 특히 일본은 그 당시 번역이 상당히 잘됐어. 일본어 책에 신세를 많이 졌지. 난 일본 만화책은 못 읽어. 일상생활어는 잘 모르니까. 내 일본어 공부는 책을 읽기 위한 공부였기에 일본어 책은 불편 없이 읽어. 와카, 하이쿠 해석은 일본어 교수한테 물어봐서 하고 있지.

제아무리 일본어 전공자라 하더라도 그가 가지고 있는 일본 문화재 책을 제대로 이해하기는 힘들다. 전문용어 투성이에 한자 난이도도 장난 아니다. 그의 서재에 있는 책을 스윽 훑어본 본인도 일본어 전공자이나 그렇게 느꼈다.

김창규 도래인 중에 특별히 애착 가는 사람이 있나요?

유홍준 우리에게는 하타씨(秦氏, 일본의 한반도 도래 씨족 가운데 가장 규모가 큰 성씨)의 역할이 가장 명확하게 알려졌지. 일본 사람도 인정하고 있고. 하타씨가 누군지도 모르는 한국인들이 많은데, 그러면서 우리가 일본에게 다 가르쳐줬다느니 뭐라느니 하는 건 미안스러운 일이야.

케네디가 아일랜드 사람이었지만 그를 아일랜드 사람이라고 하지 않는 것처럼 도래인도 일본인으로 살아간 거지. 그렇게 이해하는 것이 좋은데, 마치 가서 뭘 해준 걸 정복한 것처럼 생각하면, 이건 역사를 보는 시각도 아니고 인생을 보는 시각도 아니고 자기 편의적으로 수정하고 생각한 거야.

일본으로 건너가 일본인으로 살고 일본의 문화를 꽃피운 이들을 가지고 한국이 생색내는 것. 마치 어린 시절 입양 보낸 한국인 아이가 슈퍼스타가 되니 한국 핏줄을 강조하는 것과 같다.

유홍준의 종교

김창규 한국과 일본의 문화재를 이해할 때 불교에 대한 이해를 빼놓을 수 없는데, 책을 보면 불교에 대한 깊이 또한 상당하거든요. 이것도 따로 공부를 합니까? 종교도 궁금하고.

유홍준 기독교나 그리스·로마 신화를 알지 못하고서는 당시 조각을 설명 못 하는 것처럼 불교를 알지 못하고서는 불교 문화재를 설명 못 하지. 최후의 만찬, 성당 벽화, 그런 건 목사가 해석하는 게 아니라 미술사가가 해석하잖아. 목사 시각, 미술사가의 시각이 다른 것처럼 불상도 마찬가지야. 스님과 미술사가가 보는 게 다른 거고. 그래서 교리는 어떻고 그 당시 신앙은 어땠는가, 공부 안 하고는 방법이 없어. 그건 종교가 뭐든 관계가 없지. 2000년 동안 동아시아를 움직이게 한 이데올로기인데.

김창규 한국은 종교가 문화재에 대한 깊이 있는 이해를 막았다고도 볼 수 있잖아요. 불상을 파괴하는 사례도 많고.

유홍준 역사적으로 보면 조선시대에 유교로 이데올로기가 전환되면서 그 이전에 있었던 불교 문화재들이 어마어마하게 파괴됐지. 문화재 관점에서 봤을 때는 전쟁보다 더 심했어. 일본도 마찬가지고.

김창규 일본에서도?

유홍준 일본은 나중에 스스로 반성해서 제도를 만들어 보호하긴 했지만 5년, 10년 동안 파괴해버린 양은 엄청난 거지. 신도神道와 불교가 결합돼 있던 것을 불교를 배척하기 위해, 그러니까 국가주의로

나가기 위해 아주 잔인한 계절이 있었어. 일본에는 지금도 모든 사찰에 폐불훼석廢佛毁釋 때의 흔적이 남아 있고, 10분의 9를 몰수당해 섬처럼 남아 있는 것도 많고. 지금처럼 문화재란 개념이 없던 시절에는 일본도 야만의 시절이 있었지.

일본에 불교가 전래된 이래 전통 종교인 신도와 융합되어 천여 년 동안 지속되어온 신불습합神佛習合이 1867년 메이지유신이 일어나자 신정부의 종교 정책에 의해 신神·불佛이 분리되는 과정을 밟게 된다. 1867년 12월 왕정복고의 쿠데타로 성립된 메이지 정부는 제정일치의 천황제국의 확립을 목표로 하였던 만큼 신도에 의해 국민을 교화하고 국가의 통합을 이루고자 하였다. 즉, 천황을 정점으로 하는 제정일치의 사회가 전통신앙이며 천황가天皇家의 신앙이기도 한 신도에 의해 운영되는 것을 지향했다. 이를 위해 신정부는 그때까지의 신불습합을 거부하며 신도와 불교를 엄격히 구분하는 신불분리령을 포고하여 불교 사원에 속한 토지들이 몰수되었으며 황실 내에서의 불교 행사가 폐지되었을 뿐만 아니라 폐불훼석이라는 미증유의 사건이 발생하였다. 1868년 4월 1일 오전, 무장한 신관神官 출신의 신위대神威隊 50명, 인부 50명, 히에신사日枝神社의 사사社司와 궁사 20명 정도로 구성된 한 무리가 히에신사 경내로 들어가 불상, 불경, 불구 등을 파괴하고 불을 질렀다. 이때 불타버린 불상, 불경, 불구 등이 124점에 이르고, 귀금속 장식품 등 48점이 약탈당하였다고 전한다. (출처: 두산백과)

김창규 잠깐, 그래서 종교는 어떻게 되시나요?

유홍준 내가 믿는 건 한국 미술사밖에 없어.

그의 성격을 설명해주는 한마디다.

반환 문화재, 필요 없다

김창규 문화재청장 시절 일도 많이 하고 욕도 엄청 드셨는데, 가장 어려웠던 게 뭡니까?

당시에 관한 질문, 싫어한다 했으나 던졌다. 자신에게만 할 수 있는 질문을 하라 했으니.

유홍준 시스템이 따라오지 못한 거지. 안 되던 일이 많았어. 당시에는 문화재를 발견해도 아무런 보상이 없었어. 지금은 그렇지는 않잖아. 옛날에는 뭘 보수하든가 만들어도 어떻게 싸게 만들지 연구하는 시스템이었지. 납품하는 데 1억 예산이 있으면 누가 이걸 잘 만드나, 질적인 조달이 있어야 하는데 개량된 수치가 아니라고 해서 기준이 없단 말이야. 문화재 수리를 하거나 물건이 들어와도 잘 만든 것을 살 방법이 없는 거야. 제일 짜증스럽고 어렵지.

김창규 지금은 어떤가요?

유홍준 지금도 그래.

김창규 문화재청장 할 때 욕먹으면서까지 밀던 신념은 그대로입니까? 문화재를 적극적으로 이용해야 한다고 했잖아요. 그게 정말 국익을 위한 거라고.

문화재청장 시절, 유홍준은 그야말로 집중 포화의 대상이었다. 언론의 단어 선정 또한 절묘했다. 문화재에서 '술 파티' 벌이는 문화재청장.

유홍준 당연히 해야지. 세계 모든 나라가 그렇고. 우리나라는 다 막아놓고 들어가질 못하게 하잖아. 국민도 잘못 계몽된 거야. 우리나라 국무총리가 베르사유 궁전에서 밥 먹고 오페라 봤다고 신문에 나잖아. 국제 대회를 열면 오는 사람들이 다 그 나라의 오피니언 리더들이야. 한국에 이런 전통이 있다는 걸 보여줘야 나라 위상이 오르는데 우리나라는 그런 걸 허용할 줄 몰랐잖아. 국제 대회들을 보면 만찬 장소가 고궁 아니면 그 나라 박물관 로비야. 우리나라처럼 호텔 로비에서 하는 그런 나라는 없어. 그건 문화적 전통이 없는 신생국가나 그렇게 하는 거지. 우리가 아직도 오해하고 있는 거야. 세계 속, 전체 속 문화를 보지 않으면 안 돼. 우리는 약탈 문화재에 대해서도 반환 문화재 얘기만 하잖아. 맹목적인 애국주의는 안 좋게 작용할 수도 있다는 걸 알아야 돼.

김창규 이건 딱 잘라서 공격하기 좋은 멘트인데요? '유홍준 교수 "반환 문화재 필요 없다" 망언' 이런 식으로.

유홍준 그러니까 약탈당한 문화재를 돈 주고 사오면 우리나라를 알릴 기회가 있겠어? 명백한 약탈은 찾아와야 하지만, 그들이 우리나라에서 사간 문화재를 가지고 박물관을 꾸몄을 적에는 우리 문화재가 해외에 나가서 문화 대사로서 기능할 수도 있다는 건데, 그걸 활용해야지.

문화재청에서 재외 문화재를 만들어 노력하고 있고 한편으로는 환수를 하고 있잖아. 그런 식으로 행정도 바뀌어야 하고 국민 의식도 바뀌어야 해. 아직까지 세계를 주도해본 경험이 없고 선진국들이 어떻게 세계 속에서 자기 위상을 유지했는가에 대한 경험이 없어서 그래.

문화재청장 했을 적에 국립문화재연구소에서 한류가 흘러간 나라 20개국에 국립문화재연구소에서 연수받을 수 있는 기회를 줬어. 3개월간 와서 견학할 사람 있으면 받아주겠다고 했지. 그런데 20개국이 다 오겠다는 거야. 그래서 그때 베트남, 태국, 인도네시아, 인도, 이런 데서 사람들이 왔어. 그 사람들이 결국에는 그 나라 문화재 전문가가 되어서 친한파가 되는 거야. 그 사람들이 유네스코에서 역할을 할 때가 되면 우리나라 위상이 더 서는 거지.

난 받아본 일 없지만 장학재단이니 뭐니 외국에서 혜택을 받고 온 사람들 있잖아. 그 나라에서 왜 한국 사람을 유학시켜줬겠어. 그게 결국은 은혜를 베풀어주면서 자기가 갖고 있는 국제적 위상을 유지하는 거야. 보스는 베풀어야 해. 유엔에서 분담금이 생긴 것도 그런 거고. 원조받던 시절도 지났고 이제 원조하는 나라잖아. 그럼 그에 걸맞게 해야 하는데 우리나라 국민 의식은 아직 안 좋고 하니 멀었지.

내가 일본 답사기를 쓴 이유 중 하나도, 이제는 우선 알아야 해. 알아야 한다고. 우리가 상대하고 있는 나라들에 대해서. 그 나라에 배워야 할 게 뭐가 있는지, 어떻게 해야 과거와 현재를 잘 알려줄 수 있는지. 케이팝, 한류가 흘러간 곳에서 우리나라 문화재 전시회를 멋지게 하면, 저런 문화적 정통성에서 이런 게 나왔구나 하고 존경하게 돼 있어. 그게 문화재가 가진 힘이라는 거야. 외국 나가서 한국에 대해 물어보면, 남북으로 갈라진 나라에서 올림픽 했다, 월드컵 했다, 이런 거밖에 기억 못 하잖아.

그런 시각 속에서 일단은 자기 자신의 시각을 넓혀야지. 그래서 국내 답사기를 더 쓰는 것보다 일본, 중국 등 더 넓은 시각으로 보는 것이 의미가 있겠다 싶어 일본 답사기를 쓴 거고.

김창규 좋은데요? 그런데 이쯤 되면 숭례문 얘기를 안 할 수가 없는데.

이왕 이렇게 된 거, 하고 던졌다.

유홍준 말 안 할래. 길어.

한 번 더.

김창규 노무현 대통령이 막았잖아요.

유홍준 사표 냈지.

김창규 대통령이 보류한 걸로 알고 있거든요.

유홍준 ……

김창규 처음에 막았다고.

유홍준 노무현 대통령 끝날 때 같이 끝났지.

김창규 문화재청장 하면 아무리 그래도 정치가 필요한 자리고 상처도 많이 받았을 거라 생각하는데.

유홍준 문화재청장 하는 데 정치랑 무슨 관련이 있어? 아무것도 없지. 한나라당 사람들이 차기 정부에 대한 공격을 위해서 나를 물고 늘어졌을 뿐이야.

그는 "무슨 일을 했든 어떤 업적을 남겼든 자신은 숭례문이 불타 사라졌을 당시의 문화재청장으로 역사에 남을 수밖에 없다"고 〈무릎팍도사〉에 나와 말한 바 있다.

물 건너 더 대우받는 남자의 방

김창규 보통 이런 책의 가치는 국내보다는 외국에서 더 알아주는 법인데, 어떤 피드백이 있었나요?

유홍준 일본에서 가장 유명한 출판사에서 계약서가 왔어. 일본 《아사히신문》 인터뷰 코너인 '히토'에도 나왔고. 《아사히신문》 기자가 내 책을 보고 본사로 돌아갔는데, 걔들이 취재를 하고 주목을 해.

신문을 직접 보여주었다. 유홍준 교수 얼굴이 《아사히신문》 지면에 있다.

유홍준 한편으로는 한국인이 일본에 대해 언급하는 책이 몇 권이나 되겠어? 일본 소개하는 것 말고 지성인 입장에서 일본은 이렇더라는 책이.

김창규 일본에 관한 책은 엄청나게 많은데 대부분 겉핥기죠.

유홍준 그게 우리나라 실태야. 일본에서 내 책을 다 번역하겠다 하더라고. 관광과에서도 직원이 왔어, 고맙다고 인사하러. 난 국내 답사기를 그렇게 썼어도 시청에서 공무원이 오는 거는 그때 처음 봤

어. 걔네들이 가지고 있는 성실성이랄까? 관광 엑스포 할 때 시간을 내 달래서 갔는데 어떻게 내 책을 알았냐 했더니 책에 나와 있는, 유적지 분포가 표시된 한국어 지도 팸플릿을 만들겠다고 허락 받으러 왔대. 무서운 나라야.

유럽, 미국 가서 보면 중국, 일본 말고 한국 존재는 안 보여. 그런 나라야. 일본을 단지 경제력만 가지고 얘기하는 건 자기 위안이고. 그런 일본을 이해하지 않고 있으면 우리가 손해야. 일본 사람들이 가지고 있는 강점, 그런 것.

현장에서 느꼈던 점, 그때그때의 인상을 얘기하며 책을 쓰는데, 일본 역사를 배운 적이 없잖아? 일본 전공했다는 사람도 무로마치室町● 얘기하면 모르는 사람 엄청 많아. 걔네도 훌륭한 사람들 많이 나왔는데 우리나라 사람들은 잘 모르잖아. 그런 상태에서 문화재를 설명하려니 얼마나 힘들고 어려워. 어렵지 않게, 의미 있게 하려고 쓰니까 저자로서 고생스러운 면이 있지. 이런 걸 처음 접하는 사람들은 어렵다고 할 거야. 어렵다는 건 몰라서 어려운 거지. 가끔씩 독자들이 저자에게 무리한 요구를 해. 저자가 무슨 만능이야?

문화재와 역사를 같이 공부하면 잊히지 않는 이점이 있어. 좋은 거지. 무엇보다 일본을 배우기도 하고 알기도 해야 하지만 우선은

● 무로마치 시대(1338~1573): 아시카가 다카우지足利尊氏가 무로마치 막부를 연 이후 오다 노부나가織田信長에 의해 쓰러질 때까지의 시대.

즐겨야지. 해외여행보다 더 행복한 아이템은 없잖아. 돈 있고 시간 있으면 해외여행 아냐? 인근 나라 일본에 가면 깨끗하고 음식 맛있고 친절하고 우리 흔적도 남아 있고. 일본으로만 해외여행객이 하루 1만 명이 오가는데 일본에 대해 알고 가면 더 즐겁고 재미있고 의미 있지 않을까?

김창규 아무래도 국내 편과 일본 편 반응이 다를 테고 일단 모르는 부분에서 시작하니 독자층이 더 좁아지긴 할 텐데, 그만큼 다양한 층이 늘어날 거라고 생각되는데요.

유홍준 일본 편이 국내 편처럼 많이 팔리진 않지만 나이 많은 분들이 재미있게 읽었다고들 하셔. 친구 장인이 여든이 넘으셨는데 내 책 읽고선 일본을 가셨다더라고. 거동도 편치 않으신데 가셨대. 나이 많은 분들, 일제시대에 소학교 다녔던 분들은 그 책 읽고 일본 갔다 온 게 중학교 시절 수학여행 갔다 온 것처럼 좋았다고들 얘기하셔. 기본적으로 일본을 알고 있기 때문에 그런 얘기를 하시겠지.

유홍준, 뿌듯해 했다. 몇 백만 권을 팔아치우는 밀리언셀러 작가에게도 그러한 경험은 여전히 즐거워 보인다.

유홍준 일본 역사와 문화를 공부한 사람들이 일본은 있다, 없다, 그런 거 말고 일본이라는 나라에 대한 기본 상식을 채워줄 가이드를 제시해줘야 해. 독자가 선택할 수 있게 해줘야지. 한번 서점에 가서 일본을 알고 싶다고 책을 권해 달라고 해봐. 전문가들이 보는 어려운 책 말고. 내가 책 쓰면서 입에 붙지도 않는 거 쓰면 독자들은 읽지도 않는다고. 최대한 그 점을 고려해서 썼어. 일본 답사해보면 우리 자신이 더 넓게 보이고, 우리 역사가 자랑스럽게 보이고, 안타까움도 생기지. 그러면서 성장하는 거지.

김창규 유홍준 교수에게 책이란 뭡니까?

유홍준 웬수지 뭐. 원수가 아니라 웬수. 내 인생 목표가 내 방에 책을 하나도 안 두는 거야. 농사짓고 살다 죽는 게 꿈이야. 내 방 볼래?

김창규 으아, 좋죠.

소장 도서에 대해 이것저것 설명하는 유홍준. 일본 관련 책들이 어마어마하다. 정말로, 어마어마하다. 인터뷰를 싫어하고 기자를 싫어한다는 유홍준. 처음에는 왜 책에 있는 것을 자신이 또 설명해야 하는지, 왜 책을 보면 될 것을 자신에게 묻는지 화냈다. 중간에 몇 번이나 담배를 피우며 인터뷰를 접을 뻔한 위기도 있었으나 지금의 그는 마냥 책을 좋아하는, 순수한 아홉 살 아이 같기만 하다.

기분 좋아진 김에 이것저것 손대면서 물어보니 캐비닛 전체가 사진집이다. 도대체 몇 만 장인가. 모든 사진이 그가 직접 찍은 것이다. 《나의 문화유산답사기》는 발로 쓴 것이다. 한 권의 책을 쓰기 위해 수천 권의 책을 일본에서 주문한다. 수만 장의 사진을 찍는다. 그래서 그가 한사코 '배워서 안다'라 했나 보다. 이러한 배움과 노력을 모른 채 타고 났다고 마음대로 재단한 내가 미안했다. 그는 지금 즐겁게 말한다. 아이처럼 말한다. 꼬장꼬장한 학자의 모습은 보이지 않는다.

이게 유홍준의 매력이구나. 꼬장꼬장함과 사람 불편하게 만드는 첫인상의 이면에 이런 모습이 있구나. 그가 한 권의 문화유산답사기를 쓰기 위해 기울인 노력과 발품은 기자 하나가 책 보도 자료를 인용해 날림으로 평가해버려서는 안 될 성질의 것이구나. 이 사람, 진짜구나. 이

정도 쏟아내서 부어버리면 정말 부끄럽지 않겠구나, 생각했다.

유홍준이 원하는 것

유홍준 김 기자, 내가 문화재청장 그만두고 숭례문 때문에 나왔을 때 누가 그러더라고.

처음에 바쁘다 했던 그, 즐겁게 그의 방을 보고 슬슬 정리하고 가려는데 자리에 앉아 조용히 입을 연다.

유홍준 고위직에 있던 사람은 원래 자기 직업으로 돌아가기 힘들대. 관록으로 먹고 살아야 한다고. 나는 관록 물 버리는 데 1년 걸렸어. 다시 평교수로 돌아오고, 그다음에 저술 활동하고 강의하는 데 5년. 지금까지 5년 동안 책을 열 권 썼어. 말이 안 되지. 《유홍준의 국보순례》《명작순례》 누가 써줬냐고도 물어봐.

원래 사람이 40대 들어가면 그동안 쌓았던 것을 자기 목소리로 내고 싶어서 뭔가를 해. 사업이든 학문이든 예술이든. 그때가 세상으로부터 배울 거 배우고, 사회적 나이도 그렇고 인생의 나이도 그렇고 쏟아내는 때지. 스스로 돌아봤을 때 창조적 열정이 최고조로 달한 게 언제인가 하면 나는 40대인 것 같아. 《나의 문화유산답사기》 쓴 게 그때니까. 이제부터는 마무리를 해야 한단 말이야. 마무리를 하려면 한 권 더 써야 돼.

유홍준, 1949년생. 올해 만 66세. 지금까지 내 인생을 한 번 더 살면 이 남자의 나이가 된다.

유홍준 《명품순례》라는 책을 하나 더 써야 해. 도자기, 공예품 그런 거. 《나의 문화유산답사기》 일본 편은 하나 더 쓰면 되고. 국내 편은 앞으로 세 권 더 써야지. 1년에 하나씩 쓴다고 생각하니까 끔찍해. 나에게 책이란 웬수야. 애증이 교차하는 웬수지.

거기다가 대중적인 활동을 했기 때문에 강연 요청이 엄청나. '안 한다'가 답인데, 그래도 국내 편을 쉬고 일본 다녀오면서 쓴 것을 많은 사람이 칭찬해주더라고. 책이 국내 편처럼 많이 팔리진 않지만 누구든지 일본을 알고자 할 때, 여행할 때, 이 책이 좋은 가이드라인이 됐으면 좋겠어.

이 말, 일개 일본 문학사 전공자인 본인이 보장한다.

유홍준 내가 원하는 건, 많은 사람이 한국 사회를 자기가 보는 시야에서 더 넓혀 보는 거야. 한반도에서 일어난 사건 사고만이 아니라. 2300년 전 한반도 사람들이 쌀농사하고 청동기 문화 가지고 일본에서 야요이 문화를 일으켰다는데, 왜 집단적으로 일본으로 갔는가에 대해서는 생각을 잘 안 하잖아. 우린 역사 속에서 이런 얘기 안 하잖아.

그때는 고조선이 서서히 멸망해가고 있을 때야. 연나라 침입을 받아서. 외국 지배를 받아야 되니 도망가야지. 보트 피플이 되어서 말이야. 가야가 망하니까 가야 사람들이 일본으로 가서 철기 만들어주고, 백제 사람들이 가서 또 기술 전수해주고.

미국의 청교도들도 쫓겨서 간 거잖아. 미국의 뿌리가 영국에 있다는 것을 인정해주듯 일본 사람들도 일본의 뿌리가 한국에 있다는 것을 인정해줘야지. 내가 직설적으로 얘기하지는 않았지만 읽고 나면 그 얘기야. 그게 이상할 게 없어.

한민족이 자칭 기마민족이면 그 사람들 다 어디서 말 타고 왔어? 이 땅에서 씨가 뿌려져서 나온 게 한민족이 아니잖아. 인류가 이동하면서 정착한 게 여기고, 그게 우리 조상이잖아. 그게 또 일본인이 된 거고. 그렇게 느끼면서 살면 아주 관계가 편해지는 건데, 그들은 그걸 인정하기 꺼려하고 역사 왜곡을 일찍부터 해왔고, 한국은 또 일본의 입장을 생각 안 하고 우월감을 느끼려 하지.

우리가 통일신라, 발해를 얘기하면서 한민족이라고 하잖아. 그런데 발해 입장에서 통일신라는 자기를 없앤 원수의 나라 아냐. 반면에 발해하고 일본은 외교 사절이 20~30번 오갔는데 신라하고는 없었지. 그걸 다 잘라서, 발해, 통일신라, 한국, 일본, 왜적, 이렇게 다 자르고 구분 지어서 세계사를 어떻게 이해하겠어? 일본을 공부하다

보면 우리 역사를 더 이해하게 되고 알게 되는 것이 있어. 느끼는 바가 있지. 난 사람들이 그걸 다 알았으면 좋겠어.

그의 팬으로 찾아간 나는 그를 만나 5분 만에 안티가 됐다. 그리고 두 시간 뒤 골수팬이 됐다. 종교가 뭐냐는 질문에 "내가 믿는 건 한국 미술사밖에 없어"라 말해도 스스로 부끄럽지 않을 남자. 한 권의 책을 내기 위해 수백, 수천 권의 관련 도서를 섭렵하고 직접 수백 리 길을 걸으며 수만 장의 사진을 찍어대는 남자.

300만 부의 전설에는 이유가 있었다. 휘지 않는 자존심, 이유 있는 꼬장꼬장함, 줄기차게 유지하시라. 예술을 논하는 학자라면 기자들에게 버럭버럭하며, 그 정도 자존심은 있어야 한다 생각한다.

유홍준, 그는 옳았다.

이 외 수

소설가

이외수, 글의 본질은 무엇인가

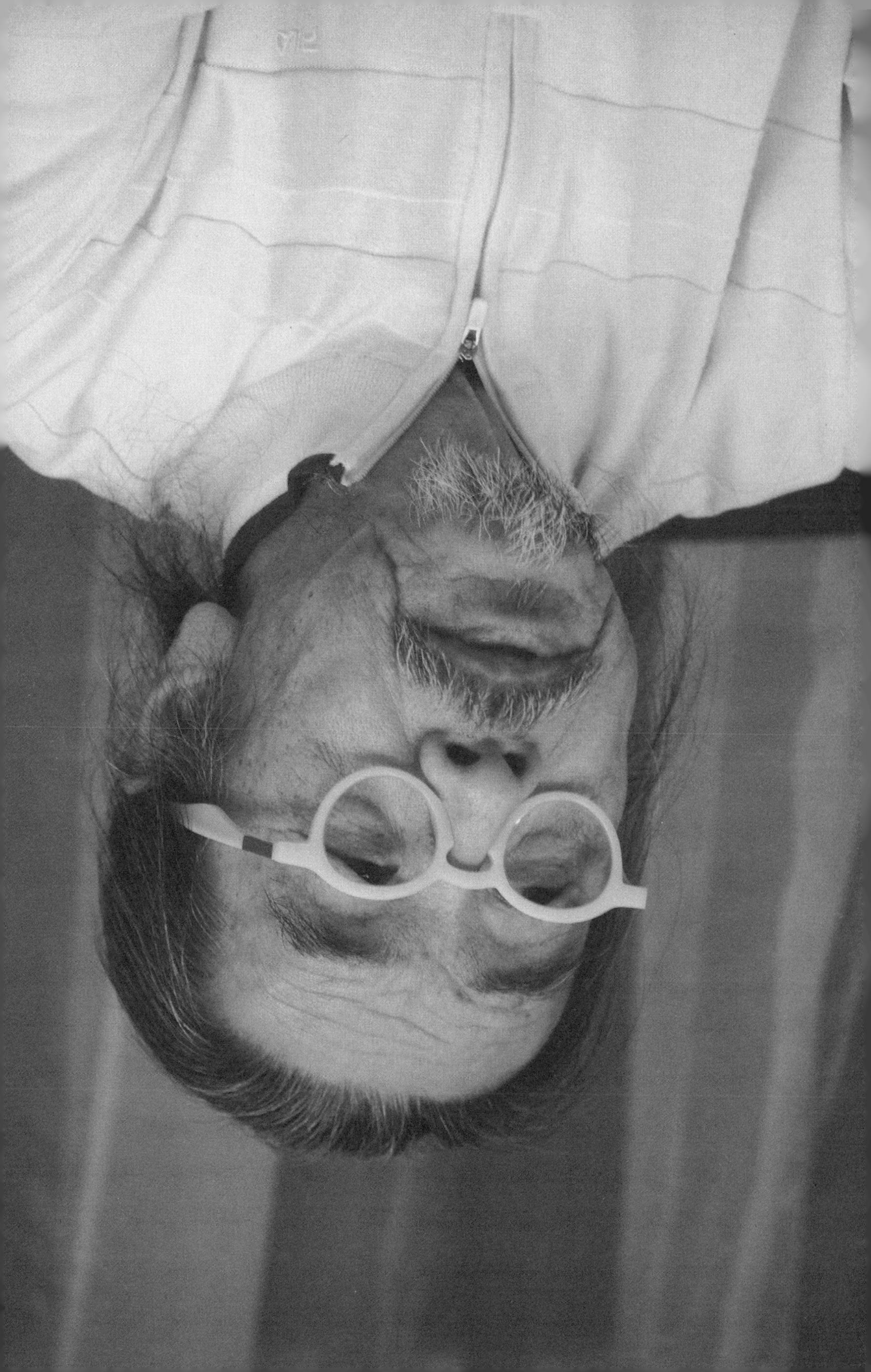

"인간 다 거기서 거기네."

내 말버릇이란다. 고민이나 어려움을 이야기하면 해맑게 웃으며 하는 말이란다. 나약한 자신보다 나약하게 비칠 자신을 두려워하고, 강한 자신보다 강해 보이는 자신을 택해온 인간. 누군가에게 눈물 보일 용기 없어 속에 쌓아둔 눈물로 자신을 괴롭히는 인간. 세상천지 나만 그런 줄 알았는데, 알고 보니 다 그렇더라. 그래서 안도감이 크기에 하는 말이다. 나만 찌질한 줄 알았는데 아니어서. 너와 내가 다른 듯 다르지 않아서.

완전변태 이외수를 만나다

변태

인간은 많은 이에게 사랑받기 시작하는 순간부터 자신을 포장한다. 과거의 찌질함이 지금의 자신을 있게 한 가장 강력한 후원자일진데 부정한다. 태생이 잘났고 태생이 남다른 인간임을 은연중에 깔아놓고 그 환상을 팔아 찌질이 중의 상찌질이로 '변태'한다. 그 포장과 부정의 정도는 과거의 자신이 얼마나 찌질했는지 누가 눈치라도 챌까 두려워하는 마음에 비례하리라.

이번 인터뷰 대상은 9년 만에 소설을 내놓은 이외수 작가다. 왜? 그에게는 그런 두려움 따위 없기에. 자신의 찌질함도 재능 없음도 가난도 어리석음도 노력하는 모습도 분노도 그냥 다 보여주는, 폼 따위 잡지 않는 배짱이 있기에. 그와 우리가 다르지 않고 우리 모두 그냥 인간임을 무려 한국에서 가장 사랑받는다는 작가가 지속적으로 확인시켜주고 있기에. 독자들이 그의 문장에 더 가까이 다가갈 수 있는 이유도 바로 그래서이리라.

사랑 없이 행복 없다

김창규 이번 소설은 직접적입니다.

9년 만의 소설, 《완전변태》에 대한 감상부터 던졌다. 비유나 은유보다 하나하나의 단편이 무엇을 '씹고' 있는지 단번에 알 수 있기에.

이외수 우회하고 은유해서 알아듣는 시대는 이제 아닌 것 같습니다. 생각할 겨를이 없는 시대지요. 즉각적으로 느끼고, 추정하고, 반성하고, 대처해야 하는 시기가 왔다고 생각해요.

김창규 이번 소설은 법, 결혼 제도, 사회, 풍속, 종교 등에 대한 비판이던데요?

이외수 방부제 같은 것에 대한 언급이라 볼 수 있는데, 방부제가 썩으니까 고민이 되는 거지요. 제 나름대로 위기감을 느낀 겁니다. 사회적 위기감, 즉, 체감.

"예술가는 세상을 썩지 않게 만드는 방부제 역할을 해야 한다." 그가 항상 하는 말이다. 방부제 중에는 예술, 종교, 교육이 있다고 한다. 그런데 그것마저 썩었다는 것이다. 그래서 9년 만에 방부제 역할을 자처했다는 얘기다.

김창규 이번 소설의 첫 단편 〈소나무에는 왜 소가 열리지 않을까〉에서 건드린 게 법이잖아요. 직접적인 계기가 있나요?

이외수 일흔 가까이 살았는데 공정하다는 것에 대해 의문을 느낀 적이 많아요. 유전무죄 무전유죄. 허재호 회장의 일당 5억 원 노역만 해도 이미 균형을 잃어버린 것 아닌가 싶습니다.

김창규 소설에는 제대로 된 어른이 잘 나오지 않는데, 선생님이 생각하시는 제대로 된 어른의 기준은 뭔가요?

이외수 나이 먹는 건 쉬워요. 나이 먹는다고 어른이 아니지요. 경험이 지혜가 되려면 애정이 입혀져야 해요. 경험을 통해 축적된 애정의 깊이가 많아야 어른입니다. 자기만 사랑하는 존재 말고 많은 것을 넓고 깊게 사랑할 수 있는 사람이 어른이라고 볼 수 있지요. 보기 드물지 않을까 싶어요.(웃음)

김창규 어른의 중심에 애정이 있다면, 인생의 중심, 인생에서 놓치지 말아야 할 가치는 무엇인가요?

이외수 인간은 아름다움을 볼 줄 아는 눈이 있어야 합니다. 육안, 뇌안, 영안, 심안, 고루 뜰 수 있어야 해요. 그걸 느끼면 사랑을 느끼고, 사랑을 느끼면 행복하기 때문이지요. 인간은 누구나 행복해지기 위해 살아가는 거고. 가슴 안에 사랑이 없으면 행복해지지 않습니다.

우리가 싫어하고 회피하는 것에서조차 아름다움을 발견해야 한다는 말로 들렸다. 그러므로 사랑만큼은 포기하지 않아야 된다는 말. 흔히 얘기하듯 돼지 눈에는 돼지, 부처 눈에는 부처만 보일 테니.

깨달음과 남자 사이

김창규 작품이나 방송에 노출된 모습을 보면 무슨 얘기든 받아주고 들어줄 것 같은 분인데, 사람이란 게 울컥할 때가 있지 않습니까?

이외수 인간의 기본 정도는 지켜야 하는데, 벌레나 짐승하곤 다른 것을 보여줘야 하는데, 해도 좀 너무한 거 있잖아요? 그때는 화를 내

죠. 간직하고 있으면 병이 되니까 내버리거든요. 즉각적으로 냅니다. 제가 가지는 감정은 정직하게 표현한다는 거죠. 화나면 욕도 하고. 내버리고 빨리 잊는 게 제일 좋아요. 속이 좁은 걸 인정해버리면 금방 잊을 수 있어요. 좀 더 넓힐 수 있지 않을까 반성하고. 그래서 트위터에서 반성할 때가 많지요. 난 아직 부족하다고. 진심이에요.

어릴 때 '깨달음'이라는 것을 이뤘다는 스님들 이야기를 좋아했다. 도대체 깨달음을 이룬 후에는 어떻게 되는지에 대한 호기심이 있었다. 그런데 이상했다. 깨달은 자라면 다른 이와 다투지 않고 항상 인자해야 할진데 성질이 보통 아닌, 아니, 더러운 사람이 많았다. 성철 스님도 성질이 불같기로 유명한 사람 아니던가.

많은 이들의 일화를 접하고 내가 내린 결론은, 성격은 기질이요, 깨달음과는 별개라는 것이다. 다만 깨달은 자는 감정을 붙잡아두지 않는다. 화낼 때는 화만 있고, 기쁠 때는 기쁨만 있는, 감정의 찌꺼기가 없는 사람. 내가 보는 '깨달은 자의 성격'은 그렇다.

인터뷰를 지면으로 옮기는 과정에서 생략된 부분도 많았지만, 그와의 대화 속에서 그는 깨달음을 향해 포복 전진하고 있는 사람임을 느꼈다.

김창규 지금 여자든 남자든 배우자의 성품을 중요시하기보다는 소위 스펙이나 조건을 중요시하는데, 이게 꼭 나쁜 걸까요?

《완전변태》의 두 번째 단편 〈청맹과니의 섬〉에는 조건 따지는 여자가 등장한다.

이외수 사랑이 바탕이 된 게 아니라 조건이 바탕이 돼버리니 그 조건이 사라지면 사랑이 깨지는 겁니다. 애정을 가진 존재들끼리의 약속이 아니고 그냥 살아가기 위한 제도가 돼버리면 곤란하지요. 생활 능력만 있으면 결혼 같은 거 안 해도 되는 게 되지요. 사랑 없이 도구화하거나 이용하는 것밖에 안 되는 거잖아요. 회의적입니다. 결혼하기 전에 사랑의 가능성을 보는 거, 뭐 그런 건 있다고 봐요. 그런데 살아남기 위한 방편이라든가 또는 그 자체가 조건이 되면 인간으로서 자존심 상하는 일이죠.

김창규 엄청 사랑했는데 금방 이혼하고, 조건 맞춰 결혼했는데 엄청 잘 사는 사람들도 있잖아요?

이외수 서로 통할 수도 있는 거죠. 조건으로 만났어도 애정이 싹터서 서로 통할 수도 있는데, 가치관이 지나치게 물질적인 면에 치우치면 물질의 풍요가 행복의 척도라는 신앙이 생깁니다. 제가 볼 때는 미신인데, 진정한 사랑으로 보긴 어렵죠.

김창규 한국은 일부일처제잖아요. 진화론으로 보면 수컷은 자기 유전자를 많이 퍼트리는 게 목표인데, 결혼은 한 사람하고 사는 것 아닙니까? 그렇다면 결혼은 인간의 본성을 거스르는 제도라고 볼 수 있지 않을까요?

이외수 보편과 위기 상황은 다르죠. 위기에 처하면 종을 퍼트리려고 하는 것이 모든 동물이 공통으로 가지고 있는 본성이죠. 그것을 인간의 도덕적 잣대로 규명하기는 어렵습니다. 일반적일 때라고 하는 것은 이성으로써 얼마든지 도덕적이고 정상적인 억제가 가능한 상태를 얘기하는 것이거든요. 그런 규범은 전체적인 안정을 위해서 정해놓는 것이니 따르는 게 좋다는 생각이고요. 본능만으로 얘기한다면 뭐, 먹는 문제도 약탈이라든가 이런 게 허용 안 되는 것과 같은 식이죠.

김창규 일부일처제가 아니었다면 선생님은?

이외수 소크라테스의 경우에는 그 당시 일부일처제였다가 전쟁이 끝나고 나서 일부다처제가 됐거든요. 그때 가장 먼저 첩을 둔 게 소크라테스예요. 아주 특별한 경우가 아니면 남자들은 누구나.(웃음) 종교라든가 유교적 인식이라든가 이런 인식이 바탕에 있는 사람들을 제외하고 비교적 의식이 자유로운 사람일수록 즐거운 상상이지 않을까 싶어요. 남자에게만 국한되는 건 아닌 거 같아요. 여자들도 그럴 거예요.

한국시리즈 다구리 최다 완봉승

김창규 다큐멘터리에서 식사 전에 기도하는 모습을 봤거든요. 종교가 없는데 기도한다고.

이외수 특정 기간에는 늘 하기도 하고요, 제가 너무 탁해지거나 속물이 되어가고 있지 않은가 싶을 때 의식을 맑게 하고 저 자신의 수

행을 위해서 기도합니다. 신께 감사하기보다는 농부들의 땀을 상기하며 그분들께 감사하는 마음이 우선입니다.

수행. 이외수를 읽는 포인트 중 하나다. 그가 소설을 쓰는 것도 수행의 일부이리라.

김창규 본인이 속물이 되어간다 싶으면 기도한다 했는데, 언제 속물이 되는 겁니까?

이외수 작가는 좀 명분 있는 것에 뜻을 더 세우고 정진해야 하는데, 남들하고 똑같이 하찮은 것 가지고 다투거나 화내거나 욕심내면 옳지 않다고 생각해요. 그럴 때지요. 욕심, 분노.

김창규 트위터에서 선생님이 공격받을 때의 강도를 보면 똑같이 화내야겠던데요?

이외수 여기가 김정일, 김일성 있는 곳도 아닌데 한국 체제에서 얼마든지 이견이 있을 수 있죠. 그런데 그 이견을 표현할 때 야비하게 표현하는 사람이 있어요. 사실무근인 것을 가지고 공격해오면 처음에는 당황할 수밖에 없고.

특정 집단이 계획적으로 프로그램 돌리듯 하는 거 당하면 몸살

나요. 법적으로 대응한 적도 있는데 사실 제일 좋은 건 개무시거든요.(웃음) 말을 하게 되면 그 친구한테 애정을 주는 거라며 '이 동물에게는 먹이를 주지 마시오'라고 하는데, 난 줍니다. 그것조차 애정인 거죠.

소나 말이나 다 노래로 어울릴 순 없잖아요. 어떤 건 채찍질, 어떤 건 당근, 다루는 방식이 달라야 하는데 모두 오냐오냐 할 수는 없지요. 나이 많은 것이 특권이 아니듯 젊음도 마찬가지예요. 너무 크고 빈도가 잦을 땐 꾸짖거나 한 술 더 떠서 상대해줍니다.(웃음)

김창규 언론에서 엄청나게 공격했을 때가 있었는데, 그럴 때는 사람이 참기 힘들잖아요. 본인이 생각하기에 스스로 찌질했던 기억이 있나요? 분노랄까 욕심이 제어가 안 될 때.

이외수 네. 어떤 언론은 나를 지목해서 한 달간 34회나 보도했거든요. 사실과 너무 다르게요.

《조선일보》다.

이외수 그럴 때 어떻게 다스려야 하느냐가 문제인데, 저 같은 경우엔 즐기는 쪽으로 전환했죠. 서른네 번이나 날 신경 써주고 얼마나 고마운 일인가, 하고. 십알단은 '아방궁'이다 뭐다 공격하고, 그 무렵에 삼단 콤보를 당했어요. 《조선일보》, 십알단, 일베.

그때 많이 흔들렸지요. 자살하는 사람이 이해가 되더라고요. 기자가 집에 와 돌아다니면서 방 두드리고, 아들은 씩씩거리고, 며느리들은 울고. 저 때문에 일어난 일이니까 어디 이민이라도 갈까 생각했습니다.

2013년은 이외수에게 최악의 해였을 게다. 신년 벽두, 십알단 장성급으로 알려진 윤정훈 목사는 화천군이 그에게 특혜를 준다며 전국의 '십알'과 손에 손잡고 집중포화를 날렸다. 두 달 뒤 《조선일보》는 혼외 아들 건으로 찌른 데 또 찌르며 그를 파렴치한으로 몰아붙였고, 그해 연말에 하태경 의원은 MBC 〈진짜 사나이〉에 이외수 강연분이 들어간다는 소식을 듣고는 천안함 장병을 모독하는(하 의원 주장) 그에게 강연을 허가한 국방부가 제정신이냐며 핏대를 세웠다. 결국 그의 강연 촬영분은 통편집 됐으니 가히 2013년은 '이외수 다구리'의 해였다 할 만하다.

김창규 그럴 때는 어떻게 다스립니까? 자살하는 사람도 많은데.

이외수 개무시가 가장 좋은 약이고, 제가 추천하는 건 존나게 버티는 거죠. '존나'라고 하면 남성의 성기 어쩌고 하면서 명색이 소설가가 뭐 이렇게 불손하냐고 합니다. 견디기 힘든데 뭔 거룩한 척을 해요? 당장 힘들어 죽겠는데. 그럴 때는 혼자 욕하면서라도 버텨야죠.

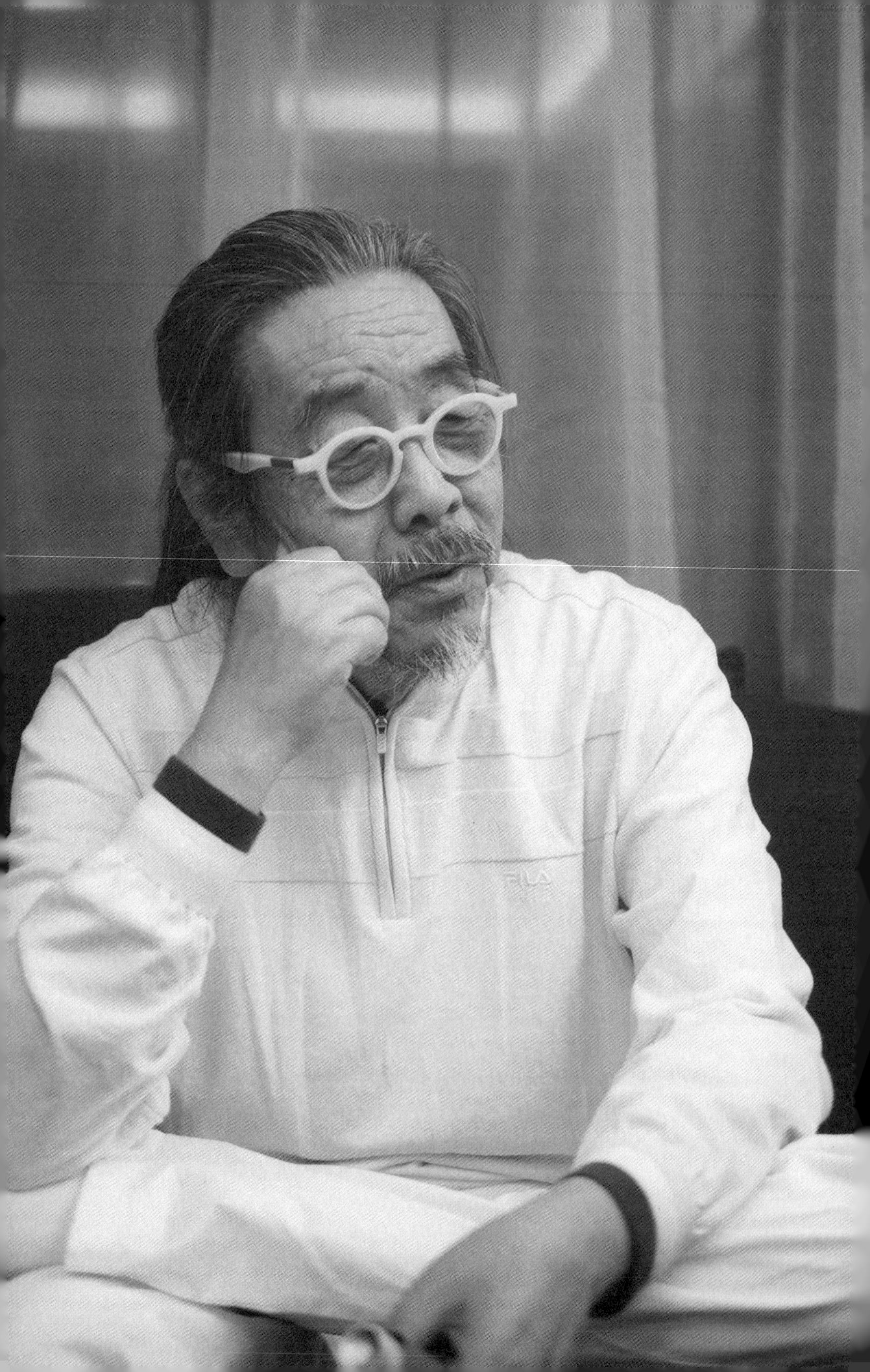
FILA

이외수, 한국의 역대급 다구리너들을 상대로 완봉승을 기록한 전적 보유 중.

외로움 vs 유엔

김창규 항상 강조하는 것이 '쓰는 이의 고통이 읽는 이의 행복이 될 때까지' 잖아요. 글이 수행의 도구라는 느낌을 받는데, 글을 쓰면 인격이 성숙하나요?

이외수 그렇죠.

김창규 근데 글 잘 쓰는 사람 만나보면 그렇지 못한 사람이 더 많잖아요.

이외수 지식인들이 비굴한 게 있죠. 강한 것의 눈치를 보게 되는데 그것만은 좀 하지 말자는 주의예요. 부당하다고 생각하면 저는 할 말 하겠다는 거죠. 불이익 당하는 한이 있더라도.

김창규 인간은 많은 사람에게 사랑받고 싶어 하잖아요. 그래서 돈도 많이 벌고 싶어 하고 명성도 얻고 싶어 하고. 그러면 안 외로울 것 같으니까. 지금 작가로서 명성도 얻고 인세도 많이 받고 많은 사람에게 사랑받고 있는데, 보통 그렇게 되면 안 외로워질 거라고 생각한단 말이죠. 그런데 그렇게 되고 보니 어떻나요?

이외수 예술 하는 사람들은 그게 자기만의 세계거든요. 나만의 세계에서 작업하니 뼈저리게 외로워요. 그 시간 동안 엄청나게 외롭지요.

김창규 그래도 계속 쓰잖아요.

이외수 그 외로움이야말로 어마어마한 에너지인데, 동시에 독자를 통해 극복됩니다. 5년 동안 철문 쳐놓고 썼던 외로움이 그 소설 읽고 보내준 편지와 메일, 찾아온 독자들 덕분에 다 잊혀요. 그걸 읽고서 인생이 달라졌다, 이런 얘기를 들으면 울컥해지고 콧날이 시큰하고 뿌듯하고 행복해지고 그래요. 산통을 겪은 산모가 다 잊어버리고 애 다시 낳는, 그런 기분인 거죠.

김창규 트위터도 외로움의 표현입니까?

이외수 다른 것도 있지만 외로움이 내재해 있는 거죠. 큰 덩어리로.

김창규 외로움, 이거 어떻게 없애나요?

이외수 평생가도 못 없애고, 신도 못 하고, 불치병이에요. 유엔이 나서도 안 돼.(웃음)

대한민국에서 가장 사랑받는 작가 중 한 명, 트위터 팔로워 200만. 그의 글에 동한 독자들이 쉼 없이 그의 집을 찾아가고, 말 한마디, 글귀 하나마다 기사화돼도 그건 어쩔 수 없는 거란다. 그가 그렇다니, 정말 그런 건가 보다.

이외수가 정치하면

김창규 작가들은 정치적 문제에 얽히기 싫어하잖아요. 그런데 작품도 그렇고 항상 사회 현상에 대해 적극적으로 글(트위터)을 쓰는데, 왜인가요?

이외수 아직도 허리띠를 졸라매야 하는가 묻고 싶어요. 왜? 자살률, 낙태율 이런 거 보면 우리나라가 참… OECD 국가고 그렇게 경제를 강조하고 자랑하는 국가인데 이런 문제에 대해서 고민해야 하는 것 아닌가요? 수치스러운 겁니다. 지금 이 시대가 물질적 풍요만이 행복을 보장하는 시대는 아니라고 봐요. 가치관을 수정하지 않으면 계속 우울증 환자가 증가하고 자살이 속출할 겁니다. 감성이 메

말랐어요. 이런 사막 같은 분위기에서 벗어나야지요. 이런 불안감에 대해서 창문을 다 못으로 박는, 무지막지하고 미련하기 짝이 없는 대안을 감행하는 곳도 있는데, 그건 뇌를 분실한 사람들이나 하는 짓이지, 말도 안 되는 거 아니에요? 좀 체계 있고 합리적인 대안을 찾아내야죠.

학생들의 잇따른 투신자살을 막기 위한 대책으로 학교 창문에 못질을 한 대구교육청 얘기. 참고로 교육부는 세월호 참사가 나자 수학여행을 전면 금지하기도 했다.

김창규 혹시 좋아하는 정치인이 있나요?

이외수 거의 다 포기했는데, 다만 세종대왕의 정신을 계승했으면 좋겠어요. 세종 때 복지 정책이 훨씬 잘돼 있었어요. 지금보다 더. 장애인을 위해서 창고를 마련하고 곡식을 저장해두고. 자립할 수 있는 능력을 위해 중국의 안마술, 점성술을 배우게 한다든가 그런 게 있었죠. 그 시대에 이미 복지의 중요성을 깨닫고 복지 정책을 다양하게 펼쳤습니다. 지금은 복지부터 팍팍 줄이고 있잖아요. 복지 하면 나라 망한다고 생각하고.

역사 속의 다양한 복지 이야기가 나왔다. 그는 《황금비늘》을 쓸 때 《대동야승》(조선시대 야사·일화·소화·만록·수필 등을 모아놓은 책) 열일곱 권을 독파한 전력이 있다.

김창규 기사를 보니까 정치권에서 영입 제의가 왔던 적도 있던데요.

이외수 저 같은 경우엔 특정 정당을 일방적으로 지원하는 것이 바르지 못하다는 생각을 가지고 있어요. 국민을 위해 필요한 일이면 양측에 지원할 수 있으나 특정 정당만 지원하는 건 제가 사양합니다.

김창규 글 쓰는 일도 세상의 정서가 부족하여 아름답게 만들려고 노력한다는 건데, 그런 일에는 정치가 제일 빠르지 않을까요? 예를 들어 문화체육관광부 장관 제의가 들어온다면 하고 싶은 일이 있나요?

이외수 제가 장관을 맡게 되면 최단 기간 내에 말아먹는 모습을 보여줄 수 있어요.(웃음) 우선 아침에 일어나질 못해요. 원활한 소통이 잘 안 되면 순환이 잘 안 되게 돼 있죠. 협조가 안 되고. 저는 창조적인 것에는 소질이 있는데, 이런 사람은 독단적이고 개인적인 아이디어를 밀어붙이는 경향이 있어서 금방 말아먹게 돼 있어요. 역시 그런 일보다는 자유롭고 창조적인 일을 하고 싶어요.

이외수, 글의 본질은 무엇인가

김창규 소설에서 초등학교 아이를 때리다가 노인한테 한 방 맞는 친구 있잖아요? 저는 거기서 대중의 속성이 잘 드러났다고 봤거든요.

《완전변태》의 단편 〈새순〉 이야기. 비겁한 군중의 심리와 그 비겁함 속에서 피어나는 양심을 새순에 비유했다.

이외수 지도자가 있을 때와 없을 때의 차이인데, 똑똑한 지도자가 있을 때는 대중도 똑똑하고 지도자가 멍청하면 같이 멍청한 거죠.

김창규 리더의 역할을 크게 보는 거네요?

이외수 그렇습니다. 지자체만 봐도 다르지 않습니까? 지자체장이 누가 되느냐에 따라 자원이 산밖에 없는 곳도 충분히 활용하니까요. 인구 2만 명이 사는 곳으로 한 달 만에 150만 명을 불러 모았잖아요.

그가 사는 화천의 산천어 축제 이야기.

이외수 경악할 정도의 실적이지요. 그 군수님은 아이디어, 추진력,

결단력 그리고 덕망이 있어요. 하지만 그렇게 열심히 해도 대중이 다 그 양반을 좋아하는 건 아니에요. 그중에도 안티가 있는 거고.

김창규 사랑받고 싶어서 안티를 하는 경우가 많지 않습니까? 사랑받고 싶은 욕망, 이거 어떻게 넘어서야 할까요?

이외수 어떤 것이든 목표를 너무 허황되게 설정하지 말고 분수에 맞지 않는 꿈은 조절해야지요. 안 그러면 개꿈입니다. 개꿈을 이루려면 자기 나름대로 가능성을 만들고 노력해야 하는데 사랑받는 것도 마찬가지지요. 욕심내다 무리수를 두면 인간성도 상실해버립니다.

김창규 본인의 20, 30대 시절, 지금처럼 사랑받는 모습을 상상할 수 있었나요?

이외수 예술을 열심히 해서 영적 에너지, 정신적 에너지가 함유된 작품을 내면 사랑받는다는 신념이 있었어요. 수많은 예술가들이 증명했잖아요. 다만 어중간하면 안 된단 거지요.

김창규 그럼 '열심히'의 이유는 언젠가 사랑받을 거라는 확신이 있었기 때문인가요?

이외수 최선. 최선에 만족했습니다. 내 생에서 여기에 최선을 다하겠다고. 그렇게 설정했죠.

사람을 안으려 한다는 것

이날 이외수는 각종 인터뷰에 시달리며 서울로 급히 내려온 탓에 전날 두 시간밖에 못 잔 상태였다. 게다가 천식 때문에 연신 흡입기를 갖다 대며 대화를 이어나갔으나 싫은 기색 한번 내지 않았다. 인터뷰를 더 이어나가기 미안할 정도였음에도.

대한민국에서 인터뷰를 가장 많이 한 작가 중 한 명. 웬만큼 그를 아는 사람이라면 그가 어떤 삶을 살았고 어떤 생각을 가지고 있는지 알 테다. 물론 나 또한 그렇다. 다만 개인적 욕심이 있었다. 같은 말일지라도 소설, 방송, 트위터가 아니라 눈을 보고 시시각각 표정 바뀌는 이외수를 마주하며 그 뉘앙스를 잡고 싶었다. 말과 글, 방송은 속일 수 있으나 그 찰나는 속일 수 없기에.

내가 느낀 것은, 기인 또는 괴짜라 부르기에 더없이 적절한 그의 행동이, 그의 태생이 기인이나 괴짜라서 그런 게 아니라는 점이다. 극과 극을 오가는 노력. 아니, 노력이라는 말로는 부족하다. 수행? 이 말은 비장함이 너무 강해 싫다. 한 명, 한 명의 인간, 그리고 만물을 이해하고 싶다는 절실한 애정 정도가 옳겠다. 그 애정의 척도로 기인이나 괴짜를 가늠한다면 그는 기인 중의 기인, 괴짜 중의 괴짜일 게다.

오래전, 남들과 크게 다를 바 없는, 잘 씻지는 않지만 문학적 재능이 뛰어난 장발 청년이 괴로운 삶에도 사람을 품으려는 절실함으로 '완전 변태' 하여 훗날 이외수가 되지 않았나, 추정해본다. 7년 전 격전지로 명성을 높이다 공중분해 됐던 디시인사이드 이외수 갤러리에 남긴 한 독자의 '이외수 글의 본질은 무엇인가'라는 글로 그에 대한 총평을 대신하고자 한다.

'이외수 글의 본질은 무엇인가'라고 거창하게 제목을 적었지만 어찌 감히 이 짧은 생애와 옅은 경험으로 그것을 판단할 수 있겠습니까. 이외수 작가뿐 아니라 다른 많은 작가 또한 마찬가지입니다. 저는 아직 그런 식견이 없습니다. 여기저기서 이외수 작가의 글을 비판하는 글을 많이 봤지만 저는 거기에 대해 반박하거나 꼬집어서 비판할 생각이 없습니다. 물론 그럴 능력도 안 되지요. 다만 제가 느낀 것을 말할 뿐입니다. 저는 정규적으로 문학을 공부한 사람도 아니고 그렇다고 국어나 글에 대해 탁월한 감각을 지닌 사람도 아닙니다. 그야말로 평범하고 또 평범한 이 나라의 청년에 불과합니다. 그런 사람의 관점에서 느끼는, 이외수 작가가 쓴 글의 본질(비록 모든 작품을 다 접하진 않았지만)은 무엇일까. 그것은 '사람을 안으려 한다는 것'입니다.제 짧은 식견에 불과하나 이것은 확실하다고 봅니다. 극의 극까지 괴로워하고, 슬퍼하고, 고통에 몸부림친 사람들을 안으려 한다는 것입니다. 물론 개인적 취향에 따라 그 느낌은 달라질 수 있다고 생각합니다만, 정말로 그 느낌이 심장에서 심장으로 꽂히는 느낌을 받았습니다. 이분 참 따뜻한 사람이구나, 이분 참 아파본 사람이구나, 이분 참 사람을 안으려 노력하는구나, 이분 참 사람을 사랑하는구나. 저는 그런 느낌을 받았습니다. 물론 그러한 느낌은 이분에 대한 사전 정보가 없을 때부터였지요.

이외수 작가의 글이 문학적으로 이렇다 저렇다 말들이 많으나 따스한 마음이 글에 남아 있는 한 팬들은 그의 책을 꾸준히 살 것이라 생각합니다. 비록 전문적으로 글을 쓰는 사람은 아니나 누군가 제 글을 보고 단 한 사람이라도 위로가 되었다 했을 때, 단한 사람이라도 고통이 덜어졌다 했을 때 그것만큼 행복한 일이 없습니다. 100명, 아니, 1000명의 비난도 한 사람의 고통에 내가 조금이나마 위안이 되었구나, 하고 생각하면 분노도 슬픔도 씻은 듯이 사라집니다.

그런 의미에서 이외수 작가는 행복한 사람입니다. 얼마나 많은 사람이 그의 글을 읽고 위안을 받았습니까. 얼마나 많은 사람이 그의 글을 읽고 마음을 쓰다듬었습니까. '눈팅'이 전문인 사람입니다만 제가 힘들고 괴로울 때, 행여 누가 들을까 베개 잡고 소리 죽여 울고 있을 때, 내 손 잡아주고 내 마음 안아준 작가분 여기 있어 두서없이 한번 써보고 갑니다.

7년 전 위의 글을 남긴 독자, 부끄럽게도 나다. 다시 보니 낯간지럽다. 2007년 그를 만나지 않고 쓴 평, 2014년 그를 만나고 난 후의 평, 그 사이 1밀리미터의 오차 없음을 확인했기에 참 다행이다.

이 철 희

두문정치전략연구소 소장

이기는 싸움에 대하여

2014년 3월 29일 토요일 저녁, 한국에서 가장 핫한 정치평론가를 만났다. 두문정치전략연구소 이철희 소장 되겠다. 좁은 바닥, 알 만한 사람 다 아는 사람에서 JTBC 〈썰전〉 타고 용 됐다. 아니, 〈썰전〉이 이철희 타고 용 됐다는 말이 더 타당한 평가일 게다.

애초에 사랑받기를 포기해야 하는, 자기 편 안 들어주면 나쁜 놈인 것이 정치평론가의 숙명. 그리하여 오늘은 이철희를 그 숙명 속으로 더 깊숙이 밀어 넣기로 했다. 어차피 욕먹는 직업이니 보태주자. 맥주를 연거푸 들이마시며 취기가 올랐을 즈음, 인터뷰 스타트.

이성계를 찾는 남자, 이철희를 만나다

썰전 이철희

김창규 강용석, 어떻습니까? 일전에 박원순 시장 인터뷰했는데 시장님은 싫어하는 것 같던데.(웃음)

이철희 당연히 싫어하겠지. 싫어하지.(웃음)

정치평론가. 이철희는 이 표현을 싫어한다. 다만 많은 사람이 그를 그리 규정한다. 그래서 가까운 사람도 냉철히 '평론'할 수 있을까 궁금했다.

김창규 인기는 있을지 모르나 정치 생명은 끝났다고 보는데, 옆에서 보기엔 어떻나요?

이철희 괜찮아요. 괜찮은데, 그 친구도 인간에 대한 애정을 표현하는 데 좀 인색해요. 싫어하는 쪽에서 보자면 커리어리스트, 출세주의자로 보일 만한 점도 없지 않아요. 자기 출세에 대한 열망이 커 보여요. 그리고 정말 열심히 살아. 난 그거 배우고 싶더라고.

이철희가 강용석에게 배우고 싶어 하는 것처럼 느껴지진 않았다. "충분히 인정하지만 난 그렇게 아득바득 살고 싶진 않다"는 말로 들렸다.

김창규 〈썰전〉 탓인지 사람들 머릿속에 강용석의 반대는 이철희, 이철희의 반대는 강용석, 이런 구도가 있잖아요. 그런데 강용석의 반대는 절대 이철희가 아니지 않나요?

이철희 강용석류가 내 상대라고 한다면 그건 좀 불만이지. 대중적인 평가를 떠나서 난 그건 아니라고 봐. 더 멋진 보수와 맞짱 뜨고 싶어.

같은 급으로 인정하지 않는다는 얘기.

김창규 그럼 누가 반대편에 앉아 있으면 좋겠어요?

이철희 TV 토론 했던 사람 중에 제일 상대하기 힘들었던 사람은 이혜훈이에요. 잘해. 테크닉도 좋고 관점이 좋아. 쉽지 않은 사람이야.

김창규 상대로 인정이 된다?

이철희 그런 과들은 해볼 만해요. 막 투지가 생겨. 함 붙어보자, 이런 생각이 들어요. 그런데 급도 안 되는데 주장만 내세우는 사람 있잖아.

김창규 ×××같이?

이철희 그런 사람은 그냥 웃어버리면 돼. 한번 해맑게 웃고 한번 비릿하게 웃으면 끝나. 사람들이 다 평가해. 논박할 것도 없어요.

×××가 누군지는 알아서들 상상하시라. 이철희는 상대방이 말도 안 되는 주장을 한다 생각하면 특유의 표정을 짓는다. 궁금하면 찾아보시라.

김창규 그럼 김구라.

이철희 훌륭하지. 굉장히 뛰어난 친구예요. 강용석도 뛰어난 친구고. 방송인으로서는 두 사람 다 나보다 훨씬 뛰어나요. 방송 성공하는 게 정말 힘든 일인데. 난 그거 다 인정해. 존경하고.

하지만 난 뜨는 것보다는 역사의 한 페이지에 내 이름이 기록되는 순간이 온다면, 결정적인 대선 같은 때 이름이 거론되길 원하지

그 시대에 유명했던 대중 방송인, 뭐 그런 건 원치 않아요.

전략가로서 이름을 남기고 싶다는 얘기다.

전략가 이철희

이철희에게 당신을 전략가, 정치평론가, 예비 정치인, 이렇게 셋으로 나눠서 보겠다 했다. 이 순서가 내가 보는 그의 정체성이다. 지난 인터뷰와 방송을 보며, 그의 저서 《뭐라도 합시다》의 마지막 장을 덮으며 그리 느꼈다.

전략가 이철희에게 현재 가장 유력한 야권 대선 후보 세 명에 대해 물었다. 박원순, 안철수, 문재인, 이 셋 중 한 명을 꼽으라면 누구의 전략가로 가겠느냐고.

이철희 셋 다 안 하지. 현재로선 셋 다 결격 사유가 있지.

김창규 한 명씩 짚어보죠. 먼저 박원순 시장.

이철희 박원순 시장은 만나보면 내공이 느껴져요. 간단치 않은 사람이에요. 자세히 볼수록 진짜 간단치 않아. 굉장히 어리숙한 촌 아저씨 같은데 정말 단수가 있어요.

김창규 속에 불같은 게 느껴지죠. 권력의지도 있고.

이철희 정치 내공으로는 한 7~8단은 충분히 돼요. 지를 때 지를 줄 알고 빠질 때 빠질 줄 알거든. 하지만 아직은 대중성이 부족해. 대중이 확 좋아할 만큼의 인물은 아니야. 외모가 약간 촌스럽기도 하고, 솔직히 얼굴만 봐도 매력이 확 느껴지는 스타일은 아냐. 그것도 영향을 주거든. 대중성이 떨어지는 거예요.

김창규 안철수, 문재인은?

이철희 굉장히 매력적인 캐릭터인데 아직은 경륜이 부족하거나 잘 드러나지 않아요. 일국을 끌고 나갈 경륜이나 리더십이 안 느껴져요, 지금의 두 사람은. 난 그렇다고 봐요. 선의는 굉장히 넘치는데.

문재인 의원은 이렇게 마주보고 있으면 싫은 감정이 안 들어요. 큰 눈망울을 쳐다보고 있으면 정말 사람이 착해. 눈망울 자체가 정말 선해. 어떻게 그 사람 보고 독한 얘기를 해. 말이 안 된다니까. 안철수는 앉아 있는 모습만 봐도 얼마나 사람이 모범적이야.

김창규 인터뷰 때도 그분은 자세부터 다르던데.

이철희 두 사람 다 상대를 무장 해제시키는 재주가 있어요. 그만큼 선해요. 그런데 정치는 선한 의지만 가지고 안 되잖아요. 악마라도 부리려면 부릴 수 있어야 자기가 원하는 걸 이루어낼 수 있는데, 악마랑 손잡는 데서 끝나면 안 되고 악마한테 동화되지 않을 정도의 자기 견제력이랄까, 튼튼한 도덕성이 있어야 되잖아. 두 사람은 도덕성은 있는 것 같아. 그런데 손잡을 줄을 몰라. 그게 아쉬워. 만약에 내가 그림을 그린다면 세 사람은 안 쓸 거야.

내가 만약 정도전이라 치면 세 사람 다 이성계는 아니야. 정도전이 세상은 바꿔야 하겠는데, 자기는 문인이다 보니 최영이랑 이성계랑 둘을 놓고 판단했거든. 최영은 정치 장군이야. 야전에서 굴러먹은 사람이 아니야. 이성계는 야전에서 굴러먹은 사람이고. 최영은

병사들 이름을 기억 못 해요. 이성계는 이름을 다 기억하고. 일심동체가 된 사람이야. 그래서 정도전이 이성계 간 보러 갔잖아요. 함주 막사로 가서 둘이 술 한잔하고 배짱이 맞아서 혁명을 한 거거든. 난 세 사람 다 만나봤잖아요? 아직은 다들 이성계가 아니야.

세 사람에 대한 평가와 별개로 그의 욕망이 와 닿았다. 자신의 이성계를 찾고 싶다는 욕망.

김창규 그런 관점에서 보면 안철수가 김한길과 손잡으면서 계속 진화하고 있는 것 아닌가요?

이철희 진화해야죠. 처음 정도전이 이성계를 만났을 때도 이성계가 그 상태 그대로 혁명의 주역은 아니었어요. 몇 년 끌었거든. 난 그 진화의 과정이 필요했다고 생각해요. 그런데 나는 이성계가 위화도 회군 할 정도의 결단을 안철수가 했다고 봐요. 승부를 걸었다고. 위화도 회군에서 역성혁명까지 가는 시간이 필요했잖아. 안철수에게 수많은 계기가 있었잖아요. 그 계기를 안철수가 이겨내야지. 그래야 왕이 되는 거지. 이겨낼지 안 이겨낼지 나는 아직 모르겠어. 큰 기대는 없어요. 솔직히.

김창규 기대는 없다?

이철희 근데 세 사람 말고는 또 없어.(웃음)

김창규 그러니까요.

이철희 세 사람 말고는 없으니까, 현재로서는 답이 아닌데 다른 대안이 없으니 내 현재 결론은 이거야. 싫든 좋든 이들을 키워야 된다.(웃음) 건방지게 얘기하면, 부지런히 압박도 하고 채찍질도 해서 빨리 키워야 된다, 세 사람이 잘 경쟁해서 멋있는 게임을 했으면 좋겠다, 라는 것이 내 바람이지. 정답은 없어요.

김창규 만약 세 사람이 소장님한테 러브콜을 보낸다면 누구를 선택하시겠어요?

이철희 난 지금은 이런 얘기 하면 안 되는데…

전략가 이철희가 정치평론가 이철희를 걱정하는 망설임으로 읽혔다. 연거푸 맥주가 들어가지만 오가는 대화 속에 균형을 유지하려는 마음을 놓지 않는다.

이철희 뭘 원하는지 알겠어.(웃음) 대통령이 되기까지 과정은 빼고, 대통령이 되면 누가 제일 잘할 것 같으냐 묻는 거죠?

김창규 네.

이철희 되기까지는 잘 모르겠어. 후보로서의 자질과 대통령으로서의 자질은 다른 거야.

오해를 낳기 싫다는 얘기.

이철희 근데 대통령이 되면 누가 잘할 것 같으냐, 그건 말할 수 있어. 박원순.

김창규 행정가로서의 자질을 높이 치시는 건가요?

이철희 정치적 훈련이 되어 있어. 시민단체 활동이 정치거든요. 굉장히 훈련이 되어 있고, 풀어가는 걸 보면 게임이 뭔지 아는 사람이야. 그러나 대통령 후보가 되고 게임에 이기는 과정은 모르겠어. 시장 당선될 때도 자력으로 이긴 게 아니잖아.

김창규 협찬시장?(웃음)

이철희 안티인데?(웃음) 지금 상태에서 대통령직, 프레지던트가 아니라 프레지던시presidency를 누가 잘할 거 같으냐 하면 세 사람 중에는 박원순이 제일 잘할 것 같고, 자원도 제일 많아요. 시민단체 활동가가 굉장히 많아요. 그 저변이 넓거든. 시민단체 출신들이 거의 다 박원순 쳐다보고 있거든.

문재인은 나름 흠결이 있어요. 우선 친노라는 흠결. 그리고 안철수는, 어느 날 갑자기 등장했으니 '재가 한 게 뭐 있는데?' 이렇게 치고 들어온단 말이야. 박원순은 어려운 시대를 헤쳐 나갔다는 자산이 있고, 문재인은 친노가 있지만, 안철수는 단기필마야. 안철수는 사람이 없어요. 그러니까 김한길 대표라도 잡은 게 천만다행이야.

김창규 안 잡았으면 역사 속으로 사라졌다?

이철희 만약 안철수가 합당 안 하고 제3의 신당으로 갔다면 나는 순기능보다 역기능이 많았을 것이라고 봐요. 안철수가 상당히 순기능이 있긴 하거든요. 근데 어느 순간부터 역기능이 더 많아질 거라고 생각했어요. 본인은 대통령이 되고 싶어. 근데 대통령이 되는 과정에 대한 고민은 전혀 없어. 굉장히 부담스럽죠. 예전에 고건 같은 사람 있잖아요? 인기 굉장했어요. 근데 게임을 할 생각은 전혀 없는 사람이야. 그러다 시간은 다 지나가버리고 나중에는 선수가 없는 거야. 정동영 나오고, 문국현 나오고 했잖아. 안철수도 그렇게 될 수 있었는데, 그걸 본인이 터득했기 때문에 나는 잘했다고 봐요.

지금은 거꾸로 여당이 그럴 수 있죠. 반기문 쳐다보고 있잖아. 반

기문이 제2의 고건이 될 수 있거든. 그러니까 이 안에서 죽으나 사나 대안을 찾는 게 맞다고 봐요. 바깥에서 뭔가 찾는 것은 성공할 수도 없고 좋은 전략도 아니고. 또 좋은 인물도 없어. 나라를 다스리는 일은 정치 과정 속에서 훈련되지 않으면 안 된다고 봐요.

김창규 그 외에 대선 후보로서 매력이 있는 인물이 있나요?

이철희 대선 후보로서? 지금?

없다는 눈치다.

김창규 꼭 전략적이 아니더라도 그 셋 말고 확 배짱이 맞는다거나 하는 인물은?

이철희 아직은 없는데. 이미지만 보자면, 예컨대 성향은 다르지만 인물 유형으로는 유승민 같은 사람으로 해보고 싶어. 대들잖아요. 자기 보스한테 대들잖아. 그런 결기는 있어야 한다고 봐요. 정치인이라고 하면, 리더를 지향하는 정치인은 대들 줄 알아야 한다고 봐요.

김창규 쌈닭의 기질이 있어야 된다?

이철희 우리 같은 놈들은 그러면 안 되지, 참모는 그러면 안 돼. 초창기에 선택할 기회를 가졌을 때, 예를 들어 원소 밑에 있다가 조조 밑으로 가는 것은 가능해요. 근데 어느 순간이 되었을 때는 이동하면 안 되잖아. 그런데 리더는 작은 의리를 뛰어넘을 줄 알아야 리더죠. 유승민 같은 사람은 그런 결기는 있다고 봐요.

김창규 시간을 되돌려서 대선 후보가 문재인이 아니라 안철수였다면?

이철희 모르긴 몰라도 더 졌을 거예요. 뭐, 이겼을 수도 있죠. 난 그 가능성을 부인하진 않아요. 그러나 내 감으로 보면 더 졌다고 봐요. 붐업은 돼요. 상품을 놓고 보면 문재인보다 안철수가 팔기 훨씬 쉬워요. 과거에 대한 부담이 없잖아요. 안철수가 후보가 되면 노무현 프레임이 작동이 안 되니까 훨씬 쉽죠.

근데 어느 순간까지 가면 결국 후보끼리의 싸움이라니까. 박근혜 대비 안철수가 문재인보다 더 잘했겠느냐? 보장이 없지요. 지금 하는 거 봐. 더 잘한다는 보장이 없어요. 사실 처음부터 이기는 싸움이라고 보긴 어려웠고, 그런 점에서 나는 100만 표 정도로 진 것은 선전한 거라고 봐요.

김창규 국가정보원 때문에 졌다는 건 어떻게 생각하세요?

이철희 그럴 수도 있죠. 근데 가정이잖아. 아무도 몰라. 그건 신의 영역이야. 그러나 없었던 것을 가정해서 그것 때문에 이길 거라 생각하는 건 넌센스야. 택도 없는 얘기야. 국정원 때문에 이겼다? 나는 아니야.

김창규 국정원 문제는요? 본인이 낸 책에서는 이 문제를 자꾸 끌고 가는 건 바람직하지 않다고 하셨는데, 아예 끝장을 봐야 하는 것 아닌가요?

이철희 자식 교육이랑 똑같아요. 자식 교육도 뭐 잘못했을 때 너 잘못했다 이러는 게 그 친구를 좋은 길로 인도하는 방법이 아니에요.

차라리 모른 척하고 어깨 한번 툭 쳐주는 게 더 좋은 방법일 수 있어요. 예를 들면 국정원의 선거 개입, 그거 잘못된 거죠. 누가 봐도 잘못된 거고. 국기 문란이고.

이제 이 문제를 어떻게 풀 것이냐를 고민해봤을 때, 야당이 대립적 신뢰를 높여가는 것이 답이죠. 그렇잖아. 예를 들어 지지율 10퍼센트 미만에 있는 세력이 대선이고 나발이고 문제 제기한다고 먹히겠어요? 내가 박근혜 대통령이라도 겁 안 나요. 근데 30퍼센트 나가는 세력이 문제 제기를 했다? 안 들을 수가 없잖아. 나는 그 게임을 하자 이거야.

지금 당장 국정원 선거 개입에 대해서 문제 제기를 하는 건 좋다 이거야. 그러나 이게 메인이 되면 안 되고 사람들한테 신뢰를 얻고 그 힘을 바탕으로 문제를 풀자 이거죠. 그게 첫 번째고.

또 국정원 이슈에서 처음부터 주 타깃은 박근혜가 아니라 이명박이었어야 했어요. 이명박을 주 타깃으로 조졌으면 이 문제는 확실히 쉬웠을 거라고 봐요. 박근혜도 끊었을 거라고 보고요. 박근혜가 문제인 것처럼 자꾸 문제 제기를 하니까 양보할 수가 없는 거잖아. '너는 착한 사람이야. 근데 쟤는 나쁜 놈이잖아. 너도 알잖아?' 이렇게 가면 나쁜 놈이 나와서 지랄하겠지, 이명박이. 사실은 내가 이렇게 했다는 걸 얘기할 수밖에 없지 않겠어? 그럼 교란이 되고 판이 바뀌었을 거라고 봐요. 지금 이명박이 얼마나 해피해요. 야당을 오죽 우습게 보면 김황식이 서울시장하겠다고 나와. 게다가 4대강은 잘한 거라고 들이대고. 그게 말이 돼?

야당이 전략을 잘못 짰다고 생각해요. 그 대목에서 문재인의 리더십은 실패했죠. 본인이 이것을 처절하게 느껴야 한다고 생각해요. 안철수도 자신의 리더십에 대한 실패를 처절하게 느껴야 하지만 문재인도 겪어야 돼. 지난 정상 회담 대화록 국면을 완전히 말아먹은 게 문재인이야. 다 이긴 싸움이었거든. 그때 난 공개적으로 얘기했어요. 이긴 싸움이다. 더 가지 마라. 1 대 0으로 이기고 있는데 연장전을 왜 해?

김창규 다 까자고.

이철희 그니까 그걸 왜 까자고 해. 그래서 망가진 거 아니야. 내가 볼 때, 그때 이미 여권은 기록원에 원본이 없는 걸 다 알고 있었던 거야. 근데 거기 말린 거야.

김창규 다시 전략가 이철희로 돌아가서, 꼭 야권에서만 러브콜이 온다고 할 수 없잖아요? 여권에서 올 수도 있잖아요.

이철희 나한테?(웃음)

김창규 배짱이 맞는 사람이 있을 수도 있잖아요. 사람 일은 모르니까.

이철희 그거 아무리 배짱이 맞아도 여든 살이나 되면 생각해봐야지. 여든 돼서 정권 교체도 안 되고 아무것도 안 됐으면 '말년에 할 일이 뭐 있냐? 배지나 하나 달고 가자' 할지 몰라도 그전에는 쪽팔려서 싫어. 왜냐하면 사람이 전향하면 추해져요. 과격해져야 돼.

김창규 김문수, 이재오?(웃음)

이철희 새누리당으로 전향한 사람들 봐봐. 다 과격하잖아. 그게 생존이에요. 나는 그러긴 싫어, 쪽팔려서. 그러고 싶지 않아. 그렇게 국회의원 하면 뭐할 건데? 난 쪽팔려서 싫어.

그렇단다. 여든 되기 전에 전향하면 마음껏 욕하면 되겠다.

김창규 트위터에서 보니까 이런 얘기가 있더라고요. "이철희, 이혜훈 뽑겠다."

이철희 채널A 가서 그런 얘기 했지. 사람 괜찮아요. 보수가 있고 진보가 있잖아요? 나는 보수는 선이고 진보는 악이다 이렇게 안 봐요. 나는 돈가스 좋아하고 쟤는 된장찌개 좋아하는 거랑 똑같은 거야. 그냥 각자의 취향인 거야. 나는 진보가 맞아. 저 사람은 보수가 맞아. 각자가 진보면 진보답게, 보수면 보수답게 하는 게 의무지만, 보수를 선택했다고 해서 나쁜 놈이 된다는 건 아닌 것 같아. 진짜 보수면 나는 괜찮다고 보거든. 선택이잖아요. 호불호의 차원이니까.

이혜훈 같은 사람이 박근혜한테 찍혀서 그렇든 동기가 뭐든 간에 경제 민주화 외치고 자기 소신껏 얘기하는 것, 나는 좋다고 봐요. 권력에 대들어서 자기 소신 지키는 것이 좋다 이거야. 그게 너무 나가 가지고 규율을 완전히 허물 정도면 개판이 되니까 안 되지만. 그래서 유승민이나 이혜훈을 좋게 봐요.

정치평론가 이철희

김창규 역대 정치인 중에서 누구를 가장 높이 평가하나요?

이철희 개인적으로 여운형 같은 정치인을 좋아해요. 우리 아버지 영향도 좀 있고. 우리 아버지가 일제시대를 다 겪은 사람인데 초등학교도 제대로 안 나오신 분이에요. 우리 아버지가 술 한잔 드시면 항상 여운형 얘기를 해요. 당시에 최고였다고. 그리고 내가 책을 보니까 한때 좌파이긴 했지만 완전 좌파는 아니고 중도좌파 정도 되는 사람이에요. 그 사람이 난 좋더라고.

김창규 의외네요. 김대중 대통령이 나올 줄 알았는데.

이철희 김대중도 좋죠. 노무현도 좋고. 좋아하죠. 그런데 내가 생각하는 정치 9단은 이승만이에요.

꺼내려 했던 이름이 나왔다. 여운형 암살의 배후를 논하는 데 빠지지 않는 인물, 대한민국 초대 대통령.

이철희 《우남 이승만 연구》라는 책이 있는데 난 평소 이승만을 우습게 봤거든요. 부정 선거 때문에 쫓겨난 사람이잖아. 좋아할 구석이 요만큼도 없잖아. 근데 그 책에서 이승만이 미군정을 갖고 놀면서 권력을 차지하는 과정을 보면 정말 정치 9단이에요. 내가 감동받아서 그 책을 이인영(더불어민주당)한테 사줬거든. 친구니까. "네가 386의 리더인데 너한테 부족한 건 정치력이다. 김구가 되지 말고 이승만을 배워라." 거기 보면 이승만은 어른, 김구는 애예요. 정치에 대한 문제의식이 없는 순진무구 그 자체예요.

김창규 정치 전략적으로 보면?

이철희 네. 근데 이인영이 봤는지 안 봤는지 모르겠어. 아마 안 봤을 것 같아. 정치인이라면 이제는 김구가 롤모델이 되면 안 되거든요. 진보 정치인 중에도 이승만 같은 사람이 나와야 돼요. 이길 줄 아는 사람이 나와야 돼요.

김창규 이거 명확하게 안 하면 욕먹을 것 같은데.(웃음) 이념이나 역사를 떠나서 현실 정치 측면에서 얘기하면 그렇다는 거잖아요.

이철희 정치는 정치 문법이 있어요. 경제에 경제 문법이 있듯이. 선의만 가지고 정치하겠다고 하는 사람, 나는 굉장히 위험하다고 보거든요. 그건 종교죠. 우리가 신념 윤리와 책임 윤리를 나누잖아요. 막스 베버처럼. 근데 신념 윤리만 가지고 정치하는 사람은 되게 위험하다고 봐요. 책임 윤리를 가지고 있어야지. 정치는 기본적으로 타협이에요. 다수가 각자의 생각을 가지고 있는 걸 조율하기 위해서 정치가 필요한 거잖아요. 부득불 타협할 수밖에 없는 게 정치인데, 그게 리더십이죠.

그렇게 보면 정치력이라는 게 굉장히 중요해요. 이승만은 이기는 그림을 그렸던 사람이고, 김구는 민족의 영웅이라 추앙하지만 현실 정치인의 모델로 보면 아무래도 김구를 최고라고 보긴 어렵죠. 나는 평소 이렇게 말해요. 진보가 제발 좀 유능해지자, 이기자, 좀.

김창규 지니까 싫어하는 거다?

이철희 지는 걸 쪽팔려 하지 않잖아. 정의는 으레 지는 거라고 생각하잖아. 난 조광조 같은 사람을 무지 싫어하거든. 개혁을 개판으로 해가지고 말아먹은 것 아니야. 그것 때문에 사림의 집권이 50년 늦어졌잖아. 난 그런 거 싫어. 등소평처럼 하자. 우리 역사에서 찾자면, 대동법을 주장한 김육 같은 사람, 이런 사람으로 가자 이거지. 송시열 같은 정치인 말고. 상복을 몇 년 입을 것이냐로 싸우는 나라가 어디 있어? 그걸로 패가 나뉘는 나라는 웃기는 나라잖아. 난 한심하다고 봐. 김육의 대동법은 다수에게 혜택을 주자는 거잖아. 그런 정치를 해야지. 왜 김육이 개혁의 롤모델이 안 되고 조광조 같은 사람이 롤모델이 되는지 무지 화가 나. 나는 잘못됐다고 봐.

김창규 그럼 최악의 정치는?

이철희 소신을 밀어붙이다가 망하는 거지.

김창규 이 사람은 진짜 대통령이 되지 말았어야 했는데 대통령이 된 사람은?

이철희 이명박과 박근혜가 막상막하인데, 박근혜가 현재 권력이니 박근혜로 하자.

김창규 박근혜 정치력 엄청나지 않나요? 정치력만 놓고 보면?

이철희 정치력 없지. 박근혜 대통령을 보면 상대에 대한 존중이 없

잖아. 그게 유신이거든. 박정희 대통령이 상대를 존중했어요? 유신이 얼마나 무지막지한데. 국회의원의 3분의 1을 대통령이 지명하는 시대가 있었잖아. 그게 말이 돼?

김창규 그런 맥락에서는 이승만도 같이 놓고 볼 수 있잖아요.

이철희 이승만은 그 짓은 안 했지. 이승만은 합법적으로 집권했잖아. 총 맞고 간 것도 아니고. 자기 선거도 아니고 부통령 부정 선거 때문에 나간 사람이야. 맞아 죽을 소린지 모르지만 이승만은 괜찮은 점도 있는 사람이야.

김창규 오늘 문맥 잘라서 쓰면 괜찮은 거 엄청 많다. 좋다.(웃음)

이철희 제 발로 나갔잖아.(웃음) 외국 독재자 중에 총질한 놈들 많아요. 전두환 같으면 그때 총질했을 거야. 박정희 같았어도 난 총질했다고 봐. 근데 제 발로 나간 거 아니야. 어쨌든 그건 잘한 거야. 난 그런 상황에서 총질하는 놈 나올 수 있다고 보거든요. 물론 내가 이승만을 평가하는 글을 쓴다면 잘못했다고 써야지. 예를 들면 농지 개혁은 이승만 공이냐? 조봉암 공이지. 그런데 조봉암을 장관으로 발탁한 이승만 공도 있는 거야. 난 그런 걸 눈감으면 안 된다고 생각하는 거야.

박근혜는 상대에 대한 존중이 너무 없어. 의회를 존중해줘야 해요. 대통령도 선출된 권력이고 의회도 선출된 권력이면 두 개가 경합을 해. 충돌을 해요. 그건 대통령제에서 어쩔 수 없는 거지. 미국도 오바마랑 의회랑 붙으니까 정부가 셧다운 되잖아. 그게 그렇게 될 수밖에 없어요. 헌법상 그렇게 디자인되어 있는 것이 대통령제니까.

김창규 박근혜 대통령은 의회가 자기 부하니까.

이철희 의원 입법이 규제의 공장이라 그러잖아. 의원 입법 때문에 규제가 생기지 않도록 관리를 잘하라고 하잖아. 아, 이런 발언은 진짜 말이 안 되잖아. 그런 자세가 위험하다고 봐.

다시 전략가 이철희

김창규 자, 그럼 전략가로 돌아가서, 지금 큼직큼직한 선거가 서울시장이랑 경기도지사 선거잖아요(2014년 지방 선거). 여론조사를 믿을 수는 없지만 박빙이란 말이에요. 박원순이 이기려면 어떻게 해야 하고, 정몽준이 이기려면 어떻게 해야 하는지 한번 풀어주시죠.

이철희 내가 정몽준 이기는 것까지 고민해야 돼?(웃음)

김창규 전략가니까.(웃음) 어디서든 판을 뒤집을 만한.

이철희 최고의 전략은 조삼모사예요. 똑같이 일곱 개로 싸우는데, 아침에 세 개냐 저녁에 네 개냐, 이거 가지고 싸우는 거지요. 하늘 아래 새로운 게 뭐가 있어. 《삼국지》의 제갈공명, 그런 건 전략이 아니야. 없는 걸 만들어내는 데 성공 안 할 놈이 어디 있어? 있는 것 가지고 어떻게 조합하고 어떻게 우선순위를 만드느냐가 전략이지.

박원순, 나는 이길 수 있다고 봐요. 이길 수 있는 그림이라고 생각하고. 박 시장이 가지고 있는 장점이 몇 가지 있잖아요. 첫째, 정당인의 이미지가 없어. 시민 후보의 이미지가 여전히 살아 있어. 시장이 되고 나서도 그렇게 해왔으니까. 둘째, 임기가 2년밖에 안 됐어. 이것도 강점이에요. 4년은 기회를 줘야 한다, 이런 생각. 그래서 장점이에요. 셋째, 행정 권력, 입법 권력, 다 새누리당이 잡고 있어요. 그래서 서울시장만이라도 이쪽에서 잡아야 한다는 게 있어요. 이쪽이 결집할 수 있어. 그런 점에서 난 박 시장이 이길 수 있다고 봐요.

김창규 별 무리 없이?

이철희 왜냐하면 지난 대선 때도 박근혜가 못 이긴 곳이 서울이에요. 문제는 이쪽에서 젊은 사람들을 끌어낼 동인이 있느냐, 그게 문제예요. 전선 관리를 어떻게 하느냐의 싸움인데, 거기에 대해선 박 시장이 아쉬운 부분이 있지요. 하지만 대체로 잘하고 있어요.

김창규 정몽준이 이기는 것에 대해서는 전략이 없나요?(웃음)

이철희 나도 바빠. 정몽준이 재산의 반을 주면 모를까.(웃음)

김창규 경기도지사는 어떤가요? 김상곤이 무상 버스를 들고 나왔는데, 마치 무상 급식과 같은 폭발력을 가지리라 믿고 꺼낸 수잖아요.

이철희 일장일단이 있어요. 우선 정책 쟁점을 만들어냈다는 점에서는 좋아요. 그러나 '무상'이라는 단어를 써서 쟁점을 제기한 것은 좋지 않아요.

김창규 왜 무상이 위험하죠?

이철희 복지가 무상으로 가는 건 위험해. 복지가 중산층을 못 잡으면 안 되거든. 그런데 우리나라가 무상 급식도 그렇고 반값 등록금도 그렇고 교육 복지 쪽에서는 먹혔어. 이게 왜 먹혔냐면 중산층이 움직이니까 먹힌 거야.

그런데 교통 복지는 좀 신중해야 할 대목인데, 경기도에서 서울로 출퇴근하는 사람이 120만 명인가 130만 명밖에 안 돼. 엄청난 숫자긴 하지만 그 사람들한테 뭔가 퍼준다, 라는 게임으로 풀면 안 되지.

김창규 무상 버스가 좋은 패는 아니다? 너무 갔다?

이철희 그 문제는 원혜영 의원처럼 공공 버스, 버스 공영제, 이런 선에서 논의하는 것이 맞다고 생각하는데, 그걸 계기로 풀어나갔어야지 너무 성급하게 막 달려들었거든요. 그래도 난 좋다고 봐요. 그래도.

김창규 어쨌든 붐은 됐으니까.

이철희 쟁점은 만들어졌다. 붙어라. 후퇴하면 망한다. 난 이런 주의거든. 무상이든 공공이든 버스 문제, 교통 복지 문제, 이것을 얼마나 뒷받침해줄 것이냐, 난 여기에 안철수와 문재인의 리더십이 달려 있다고 봐요. 이거 안 되는 장사라고 접어버리면 난 둘 다 망한다고 생각해. 싸움은 이미 붙었어요. 이건 물러서면 안 되고 붙어야 하고, 싸움은 하다 보면 튜닝이 돼요.

김창규 어쨌든 끝까지 끌고 가야 한다?

이철희 무상을 고집할 것이냐 말 것이냐가 아니라 교통 복지로 싸움을 걸었으면 끝까지 붙어야지. 이건 후퇴해버리면 안 돼. 저쪽 후보가 남경필이거든. 남경필이 정통 보수로 안 보이니까 먹히잖아. 그런데 야권이 잘만 하면 남경필을 궁지로 몰 수 있어요. 교통 복지 쪽으로 쟁점이 만들어지면 정통 보수들은 '야, 그거 받으면 안 된다' 압박하고 남경필은 정체성에 혼란이 올 수도 있다고 봐. 상대를 교란하는 전략도 필요하거든. 그래서 남경필이 가진 강점을 깰 수도 있거든. 해봐야 되는 싸움인데 가다가 중간에 멈췄어.

김창규 이대로 가면 어떻게 될까요?

이철희 이대로 가면 힘들어.

김창규 인천은?

이철희 만약 경기도가 깨지면 인천도 힘들어. 수도권 세 곳이 묶여 있잖아. 경기도가 제대로 싸워야 되는데 새누리당에서 남경필이 나오면 인물 구도로는 굉장히 힘들어져요. 괜찮은 후보거든요. 새누리당 후보로선 괜찮아. 그러면 이쪽은 어젠다로 싸움을 걸어야 돼요. 세 곳이 같이 움직이는 그림이 그려져야 되는데 복지는요, 붙으면 이겨요. 복지로 붙으면 이긴다고 봐요.

김창규 싸움판을 복지로 만들어야 된다?

이철희 먹고사는 문제로 풀어야죠. 단순히 복지냐 경제 민주화냐 그런 것 가지고 싸우면 못 이기고. 쉬운 것, 사람들이 '아, 그거' 하며 받아들일 수 있는 문제. 무상 급식이 왜 먹혔어요? 간단하잖아. 도시락 싸본 입장에서 피부에 와 닿는 문제잖아요. '그런데 그걸 싫다고 하냐!' 그런 문제야. 아주 쉽고 간명하게 되잖아. 교통 문제도 그렇게 풀어야죠. 아주 쉽게.

김창규 버스도 '야, 사람들 그렇게 힘들게 꽉꽉 들어차서 출퇴근하는데 그걸 갖고 늘어지냐!' 이런 식으로 와 닿게 할 수 있는 게 필요하다 이거네요.

이철희 그건 실력이죠. 그걸 어떻게 와 닿게 풀어내느냐.

김창규 생각하는 것 중에 남은 그림이 있나요? 무상 급식도 나왔고, 무상 버스도 나왔고, 기본소득은 좀 세고.

이철희 건강보험도 이미 쟁점화 됐기 때문에 괜찮은 영역이라고 봐요. 건강 민주주의, 건강 복지, 이런 것도 괜찮거든요. 보건 복지 괜찮아요. 그리고 역시 교육 복지. 두 가지 영역에서 해볼 만한 싸움이 있다고 봐요.

김창규 교육 복지로 갈 것이 뭐가 있나요?

이철희 전략을 짤 때 우리가 요거 던지면 쟤가 이렇게 던지고 이렇게 받아야지 그런 건 없어요. 나 같으면, 지금 나보고 하라고 그러면 안 하겠지만, 서울대 폐지론 이런 거 던져볼 만해요.

김창규 으아, 장난 아닐 텐데.

이철희 그럼 《조선일보》가 광분하겠지. 한번 붙자 이거야. 당연히 서울대 폐지가 핵심은 아니잖아요.

김창규 쟁점을 만든다가 핵심.

이철희 그렇지. 계기를 그렇게 만드는 거지. 조중동이 흥분하면 쟁점이 되는 거니까. 난 그렇게 싸움을 걸어야 한다고 생각해. 박근혜 대통령 대선 때 복지나 경제 민주화 쪽으로 쟁점을 안 만드는 전략이었잖아요.

김창규 안보로 다 뒤집는.

이철희 그러니까 지금도 마찬가지지만 영악한 보수는 어지간하면 자기들이 불리한 쪽으로는 쟁점을 안 만들어줘요. 어지간하게 던져서는 안 붙어. 그러니까 일단 싸움을 걸어야 된다니까. 싸움을 걸어야 돼. 누군가 《조선일보》 폐간을 얘기한다면?

김창규 네?

이철희 말도 안 되는 얘기잖아.

김창규 되면 좋겠지만.(웃음)

이철희 그렇지만 《조선일보》 폐간을 목적으로 하면 안 되고, 그런 식으로 노이즈를 일으켜 언론 개혁 등의 이슈를 만들어내는 방향으로 가야지.

김창규 보통 소장님 좋아하는 사람들이 갖는 소장님의 이미지는 부드러운 중도인데, 아니네요?

이철희 그건 날 잘 모르는 사람들이야. 정치 성향으로 보면 나는 중도가 아니라 진보지.

김창규 알고 보면 막 극적으로 가고 싶고 싸움하기 좋아하고.

이철희 난 중도냐 진보냐 이런 건 다 부질없다고 생각해요. 그게 뭐야. 지금 대한민국이 중도 노선으로 가는 거랑 진보 노선으로 가는 게 많이 달라요? 난 안 다르다고 생각해. 교육 문제 해법이 중도적 해법이 다르고 진보적 해법이 다르냐? 난 별로 안 다르다고 생각해. 그런 논쟁 안 했으면 좋겠어. 구체적인 것을 얘기하자 이거야.

예를 들면 기본소득. 본인이 생각하기에 그게 진보다, 그럼 외치자 이거야. 진보라 외치지 말고. '기본소득 합시다'라고 주장하자 이거야. 무상 버스가 진보라고 생각하면 그걸 주장하자 이거야. 대중은 배고픈데, 당장 젖을 물려야 되는데, 여기 것을 써야 되나 저기 것을 써야 되나 싸우는 건 웃기잖아.

김창규 전략적이고 구체적이고 이념 없는 거 좋아하시네요.(웃음)

이철희 아니, 뭔 얘기만 하면 선을 그을라고.(웃음) 이념은 필요하죠. 이념은 등불이에요. 내가 갈 길을 비춰주는 등불이지. 하지만 그것만 쳐다보고 갈 수는 없죠. 그냥 하나의 등불이고 등대와 같은 역할을 할 수는 있겠지만 등대만 보고 항해할 수는 없잖아. 그러면 이념이라는 것에 묶여서 제대로 못 볼 수 있다 이거죠. 그래서 전선을 나누면 보수 대 비보수의 싸움이 맞아요. 보수 대 진보의 싸움이 아니

라. 그 비보수 중에 진보 정책을 주력으로 쓸 수 있잖아요. 그런데 맨날 진보다, 진보가 살 길이다, 뭐 이러는데, 뭐가 진보냐고 물어보면 구체적인 게 없잖아요. 나는 웃기다고 봐요.

이철희의 미래

김창규 《인물과 사상》 인터뷰를 보면 다음 총선과 대선을 마지막 기회로 삼고, 안 되면 접고 다른 거 하겠다고 했는데 그게 뭔가요?

이철희 나도 모르지.

김창규 정치평론가, 전략가의 삶을 살다가 딴 거 하면서 못 살 텐데.

이철희 난 떠나야 한다고 생각해. 구질구질한 것 싫어하고. 전략의 핵심 중 하나가 상상력이에요. 전략은 분석이기도 하지만 다른 절반은 상상력이에요. 새로운 걸 상상해야 전략이 나오거든. 상상은 시도 때도 없이 되는 게 아니야. 내가 상상이 잘될 때가 있어요. 그때는 내가 하는 거지. 그러나 다음 시대에 나보다 상상을 더 잘하는 사람이 있으면 그 사람이 해야지. 근데 1997년 대선, 2002년 대선, 2012년 대선, 전략 짠 사람이 다 똑같은 사람들이야. 난 무지

자존심 상해.

김창규 인재 풀이 없다?

이철희 말도 안 된다고 생각해. 난 그 자들이 감당도 안 되는데 전략을 짰다고 생각해. 좀 심하게 말해서 2012년 전략은 나한테 맡겼어야 했어. 그랬다면 최소한 새로운 상상력 없이 2002년 대선을 베끼는 전략을 쓰진 않았을 거야. 나 자랑하려고 하는 말이 아니라.

김창규 완전 자랑인데요?

이철희 나름 자신도 있었어. 난 이기는 전략이 있었다고 생각해. 근데 얘들이 나한테 안 맡기더라고.(웃음) 참고로 난 학교 다닐 때도 공부만 하면 1등이라고 생각했어. 근데 한 번도 1등은 안 했어.

김창규 본인 주장에 본인이 돌을 던지는.(웃음) 왜 하필 다음 총선, 대선이 마지막이에요?

이철희 물리적인 나이가 있잖아.

김창규 그게 무슨 상관이에요?

이철희 있어. 나이는 숫자에 불과하다고? 난 거짓말이라고 생각해. 나이가 들면 그만큼 둔화되고 경륜으로 승부해야 하잖아. 나이 든 놈이 철없는 놈이랑 똑같이 놀면 그게 이상한 거지.

김창규 모든 역량을 그때 쏟아 붓고 싶다는 거네요.

이철희 마지막 기회니까. 마지막 기회잖아요. 더는 기회가 없는데…

이철희는 두 번, 세 번 마지막 기회라는 말을 강조했다. 쓸쓸해 보였다.

이철희 더는 기회가 없는데… 아예 기회가 없을 수도 있죠.

김창규 그렇죠. 아무도 안 부를 수도 있죠.

이철희 그럼 욕하면서 가는 거지. 에이 씨, 하면서 가는 거지.(웃음)

김창규 정치평론가이자 전략가 이철희는 마지막으로 다음 총선과 대선에서 전략가로서의 삶을 불태워보고 싶다, 이렇게 이해하면 되는 거죠?

이철희 그렇죠. 그때, 이기는 그림을 그려보고 싶죠. 물론 기회가 된다면.

이철희. 방송과 평론에서 얻은 인기는 그의 생업을 책임져줄 수 있었으나 그의 욕망은 채워주지 못했다. 그는 이성계를 찾고 있다. 고로 스스로 정도전이 되어야 할 게다. 판을 읽는 이철희가 아니라 판을 만드는 이철희. 한번 보고 싶다. 이 정도로 빼지 않고 자기 욕망에 솔직한 남자라면 적어도 비겁하게 싸우지는 않으리라.

주 진 우

시사IN 기자

가장 무능한 기자에서 가장 유능한 기자로

"너야? 내 재판 참고인이네."

연남동의 한 카페. 문을 열고 들어가자 주진우 기자가 웃으며 말한다.

2012년 대선 직전이었다. 당시 나는 〈나는 꼼수다〉 호외 12편 취재 중이었는데, 사건과 관련된 주요 제보자가 소송에 걸렸다. 그래서 법원이 부르면 참고인으로 출석하곤 한다. 재판은 아직 진행 중이다. 김어준이 시킨 거냐, 주진우가 뭐라 했냐 등 검사는 궁금한 게 많다. 딱딱한 재판 분위기도 녹일 겸 '사실 주진우가 제일 나쁜 놈이에요' 같은 농을 치고 잠적하면 재밌지 않을까 하는 상상도 해봤다. 하지만 사람 찾는 데 신기가 있는 기자를 상대로 그랬다간 남은 인생이 재미없을 듯해 진실하게 임하고 있다. 게다가 쪽말('쪽팔리게 살지 말자'의 줄임말로 주진우 기자의 팬클럽 이름)이 가만있을 리 없으니 두렵다.

1할 타자 주진우를 만나다

주 기자

사건 참고인도 귀찮은 일이 많다. 말 한마디 잘못하는 바람에 누가 잘못되지는 않을까 마음이 무겁기도 하다. 그런데 참고인도 아니고 증인도 아니고 언제 범죄자가 될지 모를 피의자로, 한번 시작되면 몇 년씩 끝나지 않는 소송에 한두 건도 아니고 100여 건씩 연루되었다면? 게다가 그 소송 하나하나가 대한민국 최상층 권력자를 비롯해 힘깨나 쓴다는 사람이 건 거라면? 일찌감치 감옥에 가 있거나 인간이 망가져야 정상일 게다. 적어도 나라면 그랬을 듯하다.

그런데 100여 건의 소송을 당한 남자가 지금 내 앞에 멀쩡히 앉아 있다. 단 한 번도 지지 않았다는 말이다. 이 사실은 그가 취재한 수많은 특종보다 대단한 기록이다. 최근에는 그 노하우를 담아 《주기자의 사법활극》이라는 책도 썼다.

헛스윙 많은 1할 타자가 노리는 공

김창규 스트레스 받은 거 연애소설 읽는 걸로 푼다고, 연애소설 작가가 되고 싶다고 그랬잖아요.

주진우 뭐, 연애소설은 읽는데 작가는 못 되고.

김창규 지금은 시간 좀 있나요?

주진우 이상하게 여유가 없네. 큰 소송이 하나 끝났는데 다른 파도가 계속 밀려오고 있어서 준비하고 있어. 또 취재 준비도 하고 있고. 재판 때문에 제약이 있어서 취재를 못 했는데 지금은 준비하고 있어.

주 기자는 재판 그 자체보다 재판 때문에 취재를 못 하는 게 더 괴로운 듯하다.

김창규 그 취재는 뭔가요?

주진우 오랫동안 준비한 건데 어떤 사람 비자금 쫓는 거야. 국정원이 한 일, 정부 기관이 한 일, 그러니까 나쁜 일을 굉장히 오랫동안 쫓은 게 있는데 성과를 내려고 준비 중이야. 책이 좀 팔리면 사람도 쓰고 미국 변호사도 사야 되는데. 돈이 좀 필요해.

김창규 미국 변호사? 그런 사이즈면 그 어떤 사람이란 전 대통령과 현 대통령이겠네요?

주진우 그런 유지. 작년에 돈 모아서 카리브에 있는 어떤 은행 계좌를 알아보려고 미국 가서 변호사를 샀어. 조세피난처에 정통한 유대인 변호사랑 탐정을 사서 취재했는데 아직 미흡한 부분이 있어. 이번에 취재 잘되고 책 잘되면 또 가려고 생각 중이야.

김창규 그 정도면 돈이 많이 들 텐데.

주진우 모이면 조금씩 투자하는 거지. 도박처럼 돈 다 털고 올 때까지 하고 모이면 또 가고 해. 아직 성과를 못 내고 있으니 좀 그러네. 성과를 내면 나한테도 그렇지만 그게 애국하는 길인데. 책 팔아서 또 가야지.

그의 인세는 이렇게 쓰인다.

김창규 《시사IN》에서 따로 취재비가 나오는 건가요?

주진우 거기까지는 아니야. 내가 혼자 하고 있는 거지.

김창규 혼자요?

주진우 회사 기사를 쓰기 위한 취재는 따로 있고, 이건 굉장히 확률이 낮아. 낮은데 내가 알고 있고 취재하고 있으니 포기할 수 없는 거지. 이걸 다 도와달라고는 못 해. 성과가 나면 그때 좀 달라고 하는 거지.

난 1할 타자야. 계속 기사를 써줘야 되는 기자들이 있는 거고, 난 1할을 위한 탐사보도를 하는 거고. 그래서 헛방이 많아. 헛스윙도 많고 삼진도 많은데 그걸 감수하고 이건 하겠다고 생각하니까.

취재 제대로 하려면 책 많이 팔아야겠다며 농담을 던졌다. 주 기자는 조금 심각한 표정을 짓더니 이번에는 고전 중이란다. 그의 첫 번째 책 《주기자》는 출간과 동시에 베스트셀러 1위에 오르며 일주일 만에 10만 부를 찍었다. 하지만 메이저 언론은 그의 책이 일으킨 파장을 외면했다. 몇 백만의 사람이 들은 〈나꼼수〉가 아주 오랜 기간, 메이저 언론의 지면에서는 존재하지 않는 방송이었듯. 그가 징역 3년을 구형받았다는 기사는 엄청나게 쏟아졌지만 무죄를 받았다는 기사는 매우 적듯. 그러다 보니 주 기자가 구속돼 있는 줄로 아는 사람도 있다.

김창규 (김어준) 총수님이랑 주 기자님 재판을 계속 가서 본 탓에 김용민 교수님이 방송하면서 저한테 물어보기도 하더라고요. 그런데 저는 어디까지나 제3자 입장이라… 본인은 어떻게 보세요? 검찰이 상고했는데.

2015년 1월 16일, 박근혜 대통령 오촌 살인 사건 보도와 관련해 주진우, 김어준은 항소심에서 무죄를 받았으나 6일 뒤인 1월 22일, 고병민 검사가 상고장을 제출했다.

주진우 어떻게 될지 모르지. 국민의 자유와 기본권을 위해 있어야 되는 법인데 사실은 권력의 기본권과 권한을 돌보기 위해 일하는 것 같으니까. 그렇게 작동하는 경우가 많잖아. 이명박, 박근혜 시대에 선량한 사람들, 특히 법 없이도 살 수 있는 사람들이 법의 잣대로 괴로워하고 있어. 그 사람들은 법이 굉장히 두려워. 그런데 권력자들은 법이 우스워. 똑같은 죄를 져도 묻질 않잖아. 김무성은 뭘 해도 괜찮아. 그런데 누가 비슷한 일을 하면 그 사람은 감옥에 가야 하고 벌금을 내야 하는 그런 시대에 살고 있으니 다음 재판이 어떻게 될지는 몰라. 나는 피고인이니 검사와 판사한테 '법대로만 해주세요' 이 얘기를 계속 하고 있는 거고, 근데 이게 또 우습고. 슬픈 일이야. 지금껏 운 좋게 다 이겼어. 죄 없는 거, 무죄 받는 게 당연한데 그 당연한 게 되게 힘들더라. 그런데도 무죄를 못 받을 수 있어. 그냥 하는 만큼 하고 가려고.

주진우의 첫 소송

김창규 직장이 《일요신문》《시사저널》《시사IN》 순인데, 제일 처음 소송 당했던 게 언제인가요?

주진우 사이비 종교 집단이었어. 1999년쯤. 그때는 종말론도 많았고 휴거(예수가 세상을 심판하기 위하여 재림할 때 구원받는 사람을 공중으로 들어 올리는 것)한다 그러고 사이비 종교가 엄청 득세했지. 신앙촌,

아가동산, 그다음에 JMS. 그런 거 있잖아.

기자 생활 시작했을 때 사이비 종교 집단들이 너무 많은데 기자들이 사이비 종교 집단 기사를 안 쓰는 거야. 소송 걸리고 신도들이 막 몰려와서 데모하니까. 쟤들이 돈과 권력으로 뭉개는구나. 그래서 검찰, 경찰도 수사 안 하고 정치인들도 말을 못 하더라고. 내가 해야지 하고 했는데 그러다가 깡그리 소송 걸렸지. 깡그리 걸리면서 시작됐어.

김창규 크. 초짜 기자가.

주진우 어려웠어. 사이비 종교 집단들하고 거의 붙었으니. 그때 탁명환 소장이 있었던 종교문제연구소에서 종교 공부하고, 사이비 종교 집단, 사이비 교회 다니고, 교회 다니면서 녹음하다 끌려나오고 그랬어.

김창규 그런 일에 초짜 기자가 달려들겠다는 것을 데스크가 허락하진 않았을 것 같은데, 주진우란 기자를 믿어준 건가요?

주진우 믿어주진 않았는데, 처음에는 순한 기사 쓴다 하고 마감 때 그 기사를 가지고 갔지.

데스크가 싫어할 상황이다. 충분히 예상되는 기사, 무리 없이 확실하다고 생각하는 기사를 위해 적당히 비워놓은 칸에 예상 밖의 이상한 놈이 들어오면, 그것도 마감 직전이라면, 곤란하다.

김창규 으아. 데스크가 걸 텐데.

주진우 확실하냐 그래서 확실하다 했는데 확실해도 사이비 종교 집단은 데스크에서 한 번 걸었어. 감당하겠다고 했지. 종교의 악영향에 대해, 폐해에 대해 한번 헤쳐 보겠다고 했어. 그때는 더 씩씩했으니까. 데스크가 굉장히 곤혹스러워하고 싫어했지.

김창규 이상한 기사야 마감 직전이니 어쩔 수 없이 올린다 해도 그 기사는 회사에서 소송비를 물어야 하잖아요. 아무리 동료 사이라지만 당시에는 '쟤 왜 저러냐?' 이런 말도 분명 나왔을 텐데.

주진우 처음에는 되게 미안하더라고. 작은 소송이라도 변호사비만 500만 원 정도 줘야 되잖아. 그때는 내가 크게 한 방 해서 회사에 기여하겠다, 이런 식으로 생각했어. 선배들이랑 동료는 쟤 때문에 회사가 망하든 흥하든 할 거라고 했지. 망하는 쪽으로 생각하는 사람이 많았어.

주진우의 소송은 그렇게 시작됐다. 사이비 종교와의 싸움.

김창규 독자 입장에선 좋은데 동료 입장, 데스크 입장에서 생각하면 위험한 게 사실이죠. 사실 확인에 대해서 촉박한 시간 안에, 그것도 당시 초짜였던 기자만 믿고 가야 된다는 말인데.

주진우 다른 건 몰라도 팩트를 확인하는 것에는 자신 있어. 기자 중에도 여러 부류가 있잖아? 글 잘 쓰는 기자, 말 잘하는 기자, 정리 잘하는 기자, 자료 잘 찾는 기자, 외신에서 뭘 잘 가져오는 기자 등등 여러 종류가 있는데, 나는 팩트를 찾는 데 충실한 기자거든. 다른 건 몰라도 팩트를 찾는 게 기자의 첫 번째 임무라고 생각하기 때문에 다른 기자들보다는 팩트 파인딩에 굉장히 철저했어. 데스크도 내가 기사를 가져가서 그 증거를 들이밀면 적어도 쓰지 말라고 막았던 사람은 없었어.

김창규 데스크에서도 확실히 그런 믿음은 있었다?

주진우 내가 잘 들고 왔어. 증인을 잘 찾고. 증인은 내가 기사를 쓰면 감옥에 가거나 사법 처리 가능성이 높아. 근데 이상하게 내 말을 듣고 따랐어. 그래서 증인이 감옥에도 가고.

김창규 노하우가 뭡니까?

주진우 모르겠어. 운이 좋은 거지. 그냥 운이 좋았어. 내가 다른 사람보다 큰 기사를 조금 썼잖아.

김창규 엄청 많이 썼죠. 구원파 양회정(전 세모그룹 회장 유병언의 운전기사로 알려졌던 인물) 인터뷰도 그렇고. 국내에 있는 구원파 마지막 수배자가 자수 하루 전날에 왜 다른 사람도 아니고 주 기자님 앞에서 다 털어놨나 사람들도 궁금해 했죠.

주진우 모르겠어. 많은 사람이 감옥에 가면서도 얘기를 하는 게… 운이 좋은 거지. 나는 특별한 노하우는 없고 앞에서나 뒤에서나 똑같은 말을 할 뿐이야. 그 사람한테 불리하다고 해서 내가 뭐, 말을 이렇게 하자, 그런 건 없어. 정확하게 이 사안에 대해서 똑같은 심정으로 같이 생각해주고 그다음에는 이렇게 진행될 거라는 얘기를 그냥 그 사람 입장에서 해줘. 감옥에 가게 될 거라고. 그런 식으로 유병언도 되게 고민했지. 그래서 나를 만나려고 했고.

김창규 그럼 유병언 쪽에서 먼저 만나려고 했던 건가요?

주진우 아니야. 내가 먼저 만나자고 했지. 세월호가 터지자마자 유병언 회장 최측근한테, 운전기사 말고, 진짜 오른팔 같은 사람한테 말했어. 사안이 이렇게 됐고 유병언이 어떻게 책임져야 되고 당신이 지도자라면 어떻게 해야 된다, 뭐 그런 얘기를 했어.

그러니까 안성에 있는 금수원에서 나를 불렀어. 도착하니 철문이 열리고 드럼통에 불을 피우면서 수십 명이 도끼눈으로 쳐다보더라고. 기다렸지. 그때 유병언이 나를 만나려고 고민하던 찰나였는데 틀어진 거지. 만나려고 했는데… 결국 그 사람이 글을 써서 나한테 전해준 게 그냥 메모가 아니잖아.

김창규 유언이죠.

주진우 아무튼 내가 어떤 사안에 대해 정확하게 얘기하고 그 사람 입장에서 얘기를 들어줘서 그런 운은 있지. 기자로서는 운이 있는 거지.

김창규 기사 썼다 하면 나라가 시끄러워지는 기자예요.(웃음) 삼성 특검에, BBK 특검에.

주진우 기사를 써서 특검에 청문회가 네 번 열렸으니… 삼성 김용철, BBK도 쓰니까 특검에 청문회 열리고. 〈나는 꼼수다〉에서 디도스도 난리 났고, 내곡동 땅도 그렇고. 그래, 운이 좋았지.

노하우 말해 달랬더니 계속 운만 좋단다. 로또 사달라 해야 되나.

김창규 초반에 기자님이 《딴지일보》에 자주 올 때 '뭐지, 이 사람 되게 무뚝뚝한데'라고 생각했거든요.

주진우 무뚝뚝하잖아.

김창규 인사할 때도 그냥 인사 안 하고 주먹으로 툭 치고.

주진우 툭 치고 가야지. 그럼 우리끼리…

김창규 이런 무뚝뚝하고 인사도 주먹으로 하는 이상한 기자 앞에서 사람들이 술술 털어낸다는 말인데, 기사가 나간 뒤 결과를 보면 제보자와 증인들이 정말 진실하게 다 말했단 말이에요. 아니, 뭘 믿고? 정말 경우의 수를 다 말하는 건가요? 기자들이 결정적 증거를 얻어내려면 보통 그 반대로 하는데.

주진우 당신이 구속될 수 있다. 하지만 명예는 지킬 수 있다. 구속되더라도 이렇게 이렇게 될 것이다. 그냥 그렇게 얘기해. 유병언 운전기사에 대해서는 '나하고 얘기하면 당신은 1년 정도 구속되어야 한다. 1년까진 아니지만 아마 10개월 정도는 구속되어야 할 것이

다' 그랬어.

김창규 그렇게까지.

주진우 '검사가 당신을 구속시키지 않겠다고 했지만 나하고 얘기하면 굉장히 기분 나빠할 것이다. 지금껏 다른 사람들 다 구속됐는데 혼자만 안 갈 수 없다. 하지만 얘기는 하고 가야 되지 않느냐. 당신 주변, 당신 가족들, 그리고 사람들에게는 떳떳할 것이다' 그렇게 얘기한 거야, 자수하기 전날 만나자고 말할 때. 난 그냥 얘기해주고 판단하게 한 게 전부야.

김창규 그러면 기사를 잃을 수도 있지 않습니까?

주진우 나는 기사 하나 쓰겠다고 사람 잃는 짓은 안 해. 나한테는 큰 기사가 된다 하더라도 이 사람이 굉장한 피해를 입는다면? 난 그렇게 안 해. 윤창중에게 성추행 당했다는 여자가 뭘 했고 어디에 있고 어떻게 했는지 알고 있었어. 가서 만날 수도 있었는데 그 사람 개인이 너무 큰 피해를 입었잖아. 잊고 싶은 기억인데. 물론 힘 있는 사람이 성추행해도 처벌 안 받는 세상이 되면 안 되지만. 그래, 사회적 가치도 있어, 그걸 보도하면. 하지만 그 여자가 감당하기에는… 기껏 아문 상처를 다시 벌리면서 감당하라고 말하기는 그렇더라고.

그래서 안 썼어. 조금 더 악하게 마음 먹고 썼으면 많이 죽일 수도 있었겠지. 하지만 사람을 잃으면서까지 기사를 얻겠다, 그런 생각은 안 해.

이것이 수배자까지도 그의 앞에서 술술 말하게 하는 노하우인가 보다.

개차반 기자의 첫 기사

김창규 보통 기자들은 원래 그런 사람이 아니더라도 취재하고 특종이 터지다 보면 욕심이 생기잖아요. 그렇게 들어가다 보면 어느 순간 인간이 안 보이고.

주진우 그렇지. 다들 그렇지.

김창규 특히 많았을 거 아니에요?

주진우 많이 그랬지. 나도 처음에는 남들보다 좋은 기사, 남들보다 튀는 기사를 더 쓰려고 했지.

김창규 기자는 다 그런 욕심이 있죠.

주진우 기자는 진짜 욕심이 대단한 사람들이야. 나도 그랬으니까. 언젠가 큰 기사를 몇 번 쓰다 보면 작은 건 버리고 진짜 가치 있는 큰 것을 보게 돼. 헛스윙을 많이 하다 보면 공이 보이기 시작하면서 정확하게 정타를 때릴 수 있게 되고. 나도 헛스윙을 많이 해서 그렇게 됐어.

김창규 많은 사람이 주 기자는 썼다 하면 특종이고 기자로서는 천부적인 재능을 가진 사람이라고들 하는데.

주진우 말도 안 돼. 아오, 개차반이었어. 사실 난 기자가 됐는데 컴맹이잖아. 워드를 제대로 못 치는 기자였어. 처음에 기자 친구들끼리 취재하러 가잖아? 나는 워드를 못 치니까 앞의 친구가 쳐서 나한테 메일로 보내주고 그랬어.

근데 가보면 정치인이 얘기하는 걸 다 같이 적고 있어, 기자들이. 나는 그때 질문을 하려고 했어. 남들이 쓰는 건 안 쓰고 하나만 하겠다, 이런 건 있었지. 근데 내가 기자로 뛰어나서 그런 게 아니라 부족해서 그랬던 거야. 남들하고 똑같이 경쟁할 수 없어서. 난 못하니까. 다 놓치고 하나를 잡겠다고 생각했어. 그러니까 사실 기자로서의 시작은 진짜 개판이야.

데스크 입장에서 보면 사실일 게다. 초짜 기자를 현장으로 보내 현장

분위기와 상황을 담아 오랬더니 이상한 질문만 잔뜩 해서 가져오면 화딱지 난다.

김창규 생애 첫 기사가 뭡니까?

주진우 나는 첫 기사에는 크게 관심 없는데… 음, 옛날에 해결사들 있었잖아? 사채가 우후죽순 늘어나고 해결사들이 신체 포기 각서 받고.

김창규 그게 첫 기사였어요? 처음부터 너무 센데요?

주진우 왜냐면 내 주변 사람들이 굉장히 거칠었거든. 친구들 중에 학교를 제대로 나온 애는 없어도 어두운 길로 간 애들은 있는데 걔네들 뭐하고 사나 봤더니 나쁜 짓 하고 있더라고. 그래서 쉽게 취재했지. 처음에는 데스크에서 이런 게 어디 있냐고 하다가 단서를 보여주니까 그제야 놀라더라고. 공중파에서 그런 유의 기사들을 받아쓰기 시작했고.

그다음엔 '러시아 신부들이 몰려온다' 이런 기사도 썼고. 내가 처음에 기사 쓸 때는 사람들이 '아니, 말도 안 돼. 무슨 러시아 미녀가 몰려와?' 하고 손가락질했어. 그런데 6개월쯤 지나니까 그런 게 보였지.

김창규 무슨 말인가요? 러시아 신부가 몰려온다?

주진우 왜, 러시아 신부가 한참 우리나라 사람들하고 결혼하기 시작했을 때 있었잖아.

김창규 아, 국제결혼…

주진우 내가 그 전에 기사를 썼는데 몇 개월 있다가 그 기사가 알려졌어.

김창규 그럼 처음부터 큰 기사를 쓴 게 주위에 나쁜 사람들이 많아서…?(웃음)

주진우 그랬던 것 같아. 나는 뭘 하다 막히면 어두운 쪽으로 가서 썼어. 그때만 해도 조폭이 많았거든. 지금처럼 조폭이 어디 숨고 그런 게 아니라 정치인들하고 어울렸으니까.

조폭한테 쩨쩨하다 말하는 남자

김창규 이 얘기 나오면 조용기 목사 얘기가 나올 수밖에 없는데, 엄청 썼잖아요.

주진우 그때 조용기 목사 비리를 열아홉 페이지나 써서 수만 명이 와서 시위하고 그랬지.

김창규 조용기 목사가 기자 한 명 때문에 은퇴를 한다 그러고.(웃음)

주진우 그때 어두운 취재도 안 되고 하니 더 어두운 부분으로만 계속 들어가게 된 거야. 사람들이 그런 것에 신기해하고 하니까.

김창규 본인한테는 주변 사람들의 평범한 일상이었는데.

주진우 그래서 그땐 이런 거 해야 되겠구나 하고 생각했지. 그때만 해도 조폭들이 좀 있었어. 사실 조폭들이 바깥에서는 사업가지만 뒤에서는 양아치고 사람들 뒤통수치고 압박하고 약한 사람들 협박하고 강한 사람들한테는 기는, 그런 나쁜 놈들이잖아. 이 새끼들 내가 한번 잡아야지 그랬는데.

김창규 그때도 기자로서는 초년병이었잖아요?

주진우 초년병이었지. 어두운 쪽 사람들을 쭉 보다 어느 날 조양은

씨랑 얘기하는데 샌드위치를 주는 거야. 먹을 만하냐고. 맛있다고 했더니 순복음교회에서 매점을 하고 있다고 그래. 깜짝 놀랐지. 김태촌 씨 형 집행 정지 기간에 병원에 만나러 갔는데 거기선 조용기 목사가 자기 옥바라지도 해주고 자기를 굉장히 예뻐하고, 그런 얘기를 하는 거야. 얘기하다가 에이, 못 믿겠다, 더 얘기해봐, 그랬더니 마구 하는 거야. 사진이나 한번 내놓아보라고 하니 사진도 내놓고. 그 사진을 받고 조용기 목사와 깡패 얘기는 꼭 한번 쓰겠다고 다짐했지.

그리고 교회에 다니기 시작한 거야. 순복음교회를 넉 달 정도 다니고 '순복음 큰 목사님 큰 주먹 사랑하다'라는 열아홉 페이지짜리 기사를 썼지. 조용기, 김태촌 사진 넣어서 기사 내고. 그랬더니 김태촌 애들이 나 잡으러 오고.(웃음)

김창규 근데 김태촌, 조양은도 자신과 얘기하는 사람이 기자인 걸 알고 있었고 친분도 있어서 말을 편하게 한 걸 텐데, 그렇게 친해진 사람 엿 먹이는 기사를 쓰면 아무리 초년병 기자였다지만 어떻게 될지는 알고 있었을 거 아니에요?

주진우 엿 먹이는 기사지만 욕먹을 짓을 했잖아.

심플하다. 기사는 잃어도 사람은 안 잃는다고 했는데 욕먹을 짓 하는 건 예외란다.

주진우 조용기 목사를 위해서 김태촌하고 조양은이 한 일을 보면 조용기를 성직자라고 볼 수 없는 일들이 너무 많아. 그걸 빌미로 계속 돈을 뜯어내는 악어와 악어새 관계인데, 그거 누군가는 해야 될 거 아냐. 예상은 했지. 나를 죽이네 살리네 많이 했지.

김창규 대한민국 뒷세계를 삼분했던 조직 보스들인데.

주진우 그랬지 뭐. 근데 그러고 잘 지냈어.

김창규 그게 진짜 노하우인데요? 이제 보니 기사 쓰는 것보다 기사 쓰고도 안 죽는 게 더 궁금하네요.

주진우 그때 김태촌이 나한테 어떻게 이럴 수가 있냐 그러길래 기사 나간 걸 가지고 남자가 쩨쩨하게 뭘 그러느냐 그랬어.

그렇게 말할 수 있다. 다만 상대방은 조직의 보스였다.

주진우 아니, 뭐 그런 걸 가지고 그러냐고. 그러니까 이 사람 약간 다르게 생각한 거야. 조양은도 그렇고. 나중에 만나서는 악수하고 그리고 또 잘 지냈어.

김창규 설마.

주진우 김태촌하곤 좀 서먹했지.

김창규 서먹한 게 아니라 죽이고 싶었겠죠.

주진우 자기 부하들 데리고 오고 그랬지. 상갓집에서 만났어. 딱 만났는데 부하들이 눈 부라리고.

김창규 그게 죽이고 싶어 하는 거죠. 둔하다.(웃음)

주진우 그래도 잘 지냈어. 김태촌이 뇌사 상태로 서울대 병원에 있었잖아. 김태촌 부하들이 의료 사고라고 취재해달라고 왔었어. 바쁘다고 그랬지. 그래도 사이가 나쁘진 않았어. 조양은도 마찬가지고. 조양은은 감옥 갔지만, 갔다 와서 얘기도 하고. 기사 쓰는 거는 쓰는 거고 사는 건 살아야 될 거 아냐.

김창규 보통은 관계가 틀어져서 안 만날 텐데 대부분 그런 식인가 보네요. 이렇게 기사를 써도 계속 관계가 유지되는 뭔가가 분명 있네요. 검찰만 빼고.

주진우 BBK 사건 때 검사들이 조사하고 발표했는데 내가 이거 다 조작됐다고 김경준 메모를 발표했잖아. 그래서 횃불처럼 분노가 일고 이명박이 특검을 받았잖아. 그리고 최재경, 김후곤을 비롯한 검사들이 나를 고소했는데, 그 10명 검사들하고도 잘 지냈어.

김경준 씨의 입에 차기 대권의 향방이 달려 있던 당시, BBK 수사를 지휘하던 최재경 서울지검 특수 1부장 등 수사 검사 10명은 사실이 아닌 내용을 보도해 자신들의 명예를 훼손했다며 《시사IN》과 주진우 기자를 상대로 6억 원에 달하는 손해배상 소송을 제기했다.

주진우 최재경 그 양반하고는 밥도 잘 먹고 문학에 대해서도 얘기하고 그랬어. 인천지검장으로 세월호 수사 지휘하다가 책임지고 물러났잖아. 내가 도움도 주고, 둘이서 얘기도 하고, 그 양반 물러날 때는 고생한다고 얘기도 하고.

김창규 그런 사람들이 주 기자님을 싫어하면서도 취재에 관해선 확실히 신뢰하기 때문에 관계가 유지될 수 있는 것 같은데요.

주진우 그런 것 같아. 내가 뭐, 나쁜 놈인데 '기자답다' 그런 건 좀 있는 것 같아.

그런 것 같은 게 아니라 그렇다.

대통령의 숨겨둔 자식과 재벌가의 여인들

김창규 오랜만에 BBK 얘기 나온 김에 이것도 한번 짚고 가죠. 아직도 오해가 많아서. 〈나꼼수〉 첫 공연 할 때 에리카 김, 주 기자님 목소리 나오면서 '눈 찢어진 아이' 이야기 나왔잖아요. 그런데 아쉽게도 에리카 김과의 관계는…

주진우 틀어졌지. 사이는 계속 좋았는데 BBK 사건이 있고 에리카 김이 나하고만 얘기하며 지냈는데 동생을 위해서 검찰에 편지를 썼잖아. 주진우 나쁜 놈이라고. 그럴 수 있지. 동생을 살려야 될 거 아냐. 그렇게 된 이후에는 소원해졌어. 편지를 쓰고 그랬으니 더 얘기하고 싶지 않겠지.

김창규 그건 그냥 뒤통수 맞은 건데요?

주진우 뒤통수 맞았지.

김창규 그때는 한창 별명도 '누나 전문 기자'였고 주 기자님이 유일한 통로로서 취재를 이어나가는 사람이었는데 그렇게 돼버리고. 혼자 나쁜 놈 된 거잖아요.

주진우 그래서 소송이 굉장히 어려웠지. 뒤통수 잡혀서. 그래도 이겼으니 뭐. 이해해줘야지. 어쩔 수 없다고 생각해. 나중에 에리카 김하고 다시 얘기하게 되면 심금을 터놓고 얘기할 거야. 그럴 거야. 그 사람도 그렇게 생각할 거야.

김창규 이해를 한다?

주진우 어쩔 수 없는 일이었다고 생각하고 그 부분에 대해선 이해해야지. 나도 이해하고 에리카 김도 이해하고.

김창규 아직 연락은 안 하나요?

주진우 어디 있는지, 뭐 하는지는 아직도 잘 파악하고 있어.

김창규 또 하나 정리할 게 있는데, 그 '눈 찢어진 아이'는 정확히 누굽니까?

주진우 눈 찢어진 아이는 에리카 김하고는 관련이 없고, 이명박 대통령 재임 시절에 ×××라는 사람이 이명박한테 친자 확인 소송을 했어. 그래서 합의를 보고 정리됐지. ○○에 있는 애가 그 '눈 찢어진 아이 1'이야.

김창규 혹시 그 아이를 직접 찾으러 가봤나요?

주진우 알지.

김창규 봤다는 말인가요?

주진우 봤지.

김창규 확신한다?

주진우 친자 확인 소송 할 필요가 없어.

김창규 그런데 거기에 대해선 쓰지 않았잖아요.

주진우 쓰진 않았지.

김창규 이유가 있나요? 그때 가장 들끓었던 사안이고 누구나 주진우 기자가 그 아이에 대해 소상히 알고 있다고 생각했는데. 언론에서 받아쓰기 하고 그걸로 주 기자 공격도 많이 했잖아요. 그런 말이 나왔는데 책임도 지지 않고 기사도 쓰지 않는다고. 명확히 하는 게 없다고.

주진우 아니, 그건 말도 안 돼. 무책임이라니, 말도 안 돼. 다들 알면서 언론이 무슨 무책임이라고. 채동욱 검찰총장 얘기를 그렇게 때리면서 대통령 사생활에 대해서는 그렇게 하나? 언론이 좀 자기 업무를 봐야지.

이명박은 좋은 사람이 아니었고 좋은 정치인도 아니었어. 좋은 대통령은 더더욱 아니었지. 하지만 좋든 싫든 우리 대통령이었잖아. 그래서 그런 문제가 우리 사회에서 크게 부각되는 걸 원치 않았어. 그래서 쓰지 않았어. 사생활은 사생활이었다고 생각해. 더 큰 구조적인 문제에서 잘못을 안 했으면 했는데…

김창규 근데 했죠.

주진우 했지. 정권 초였고 너무 큰 상처가 나면 지도자의 판단 능력이 흐트러졌을 거야. 그런 부분은, 그걸 쓰는 건 아닌 것 같아.

김창규 혹시 이렇게 못 쓴 기사가 많나요?

주진우 재벌가 애인들이 날 많이 찾아와.

김창규 애인이요?

주진우 애인들. 옛날에는 YS의 숨겨진 분도 찾아왔고.

김창규 아, 직접 찾아오는구나.

주진우 현대 정씨 집안, 한화 김씨 집안도 여러 곳에서 찾아왔어. 조선일보 방 회장 집안 여자들은 정말 많이 찾아와서 사진과 모든 자료를 다 가지고 있어. 그런 부분은 굉장히 궁금해서 취재는 열심히 해놨는데 굳이 쓰고 싶지는 않아.

김창규 삼성은?

주진우 삼성 이건희 회장 쪽도 마찬가지고.

김창규 대한민국 큰 기업 애인은 다 찾아온 거네요.

주진우 다는 아닌데 몇 명 만났지.

김창규 왜 안 쓰나요? 충분히 공익과 연관된다고 생각할 수 있잖아요.

주진우 난 남의 사랑 얘기에 대해서는 말하고 싶지 않아. 그 사랑이 공적인 영역을 침해하면, 그때는 쓰겠다고 생각하고 있어. 그때는 쓰겠다고 생각해서 《시사저널》 시절에 하나 썼지. 써놨더니 《시사저널》이 망했지.

기사로 내지 못한, 《시사저널》 사태에 기여한 주진우의 기사. 그 기사의 제목은 '이건희 여자의 엘리베이터 승진'이었고 주인공은 박명경 당시 삼성전자 상무였다. 이에 대한 자세한 이야기는 주진우 기자의 첫 책 《주기자》를 참고하시라. 그가 항상 강조하는 점, '공적 영역으로 가기 전의 로맨스는 존중한다.'

검사, 판사, 변호사 모두 믿지 마라

책이 나왔는데(주기자의 사법활극) 너무 책 얘기를 안 한 것 같아서 마지막으로 질문을 던졌다.

김창규 책 엄청 자세히 읽었어요.

주진우 엄청 자세히?

김창규 이 책은 기자들이 읽어야 하는 책이잖아요. 앉은 자리에서 다 읽었어요. 비법은 책 보면서 정리가 됐지만, 독자들을 위해서 검사, 변호사, 판사를 만났을 때의 노하우를 각각 하나씩만 알려주세요. 제일 중요한 걸로. 먼저 검사부터.

주진우 검사는 당신의 억울함을 풀어주는 사람이 아니다. 그러니까 가능한 한 말을 안 하는 게 좋다. 말을 줄여라.

김창규 말을 줄여라.

주진우 검사는 당신을 잡기 위해 공격하는 사람이니 모든 말이 덫이 된다. 그러니까 말을 줄이고 여유를 가져라.

김창규 오케이. 판사는?

주진우 자기가 유리한 부분은 판사에게 자세히 설명해라. 그리고 판사를 존중하고 판사랑 정들기에 힘써라.

김창규 마지막으로 변호사.

주진우 거짓말을 하지 마라. 그리고 변호사들도 도둑이니 믿지 마라.

김창규 변호사, 믿지 마라.

주진우 변호사에겐 변호사의 입장이 있는 거야.

변호사가 재판부에 서면을 제출할 때도 꼭 확인하라는 말이다. 자신을 도와주는 사람을 귀찮게 하면 안 된다는 이유로 변호사에게 모든 걸 맡기고 대충대충 하는 경향이 있는데 주 기자는 자신의 일이고 권리니 그건 자기가 찾아야 한다고 두 번 세 번 강조했다.

주진우 일단 세 명 다 믿지 마라.(웃음)

김창규 아 맞다, 경찰.

주진우 경찰은 검찰하고 비슷하니까.

김창규 예전에 경찰서에서 조서 쓰고 그냥 지장 찍었다가 당한 적이 있잖아요. 경찰서에서 조서를 꼼꼼히 보고 일일이 확인하는 게 꼭 필요할 것 같은데.

주진우 그래, 나도 그랬어야 했지. 우리나라가 이상한 게 나도 마찬가지지만 계약서 제대로 보는 사람이 없잖아. 그냥 사인하지. 그냥 사인하는 게 멋이야. 나도 그땐 조서 안 보고 사인했잖아. 그 중요한 걸 안 보고 그냥 사인했다가 진짜 당했지.

김창규 경찰한테 조사받을 때 경찰이 괜히 짜증내잖아요. 특히 빨리 안 하고 그러면. 그때는 끝까지 버텨야 되는 건가요?

주진우 버텨야 돼. 몇 분 빨리 나오려다가 몇 년 늦게 나올 수도 있

어. 진짜로.

김창규 책의 핵심은 그거더라고요. 결국 자기 자신이 가장 열심히 해야 된다.

주진우 그렇지. 내 일이야. 나보다 더 심각하게 생각하고 나보다 더 중요하게 여겨줄 사람은 세상에 없어. 아무도. 그래서 자기 일이라고 생각해야 되는데 중요한 자기 일을 대충 처리하는 사람이 많아. 자기 일이고 자기 인생을 좌우할 수 있는 문제인데 복잡하다는 이유로, 어렵다는 이유로, 불편하다는 이유로 도망가려고 하잖아. 그러지 마. 자기 숙제는 자기가 푼다고 생각해. 그 누구도 내 일을 나처럼 중요하게 풀어주진 못해.

가장 무능했기에 가장 유능했다

주 기자는 괴상하다. 말이 쉬워 100여 건이지 이 정도 소송을 당한 남자가 밖을 걸어 다니고 있는 것이, 그렇게 들쑤시고 다녔는데도 멀쩡하다는 것이, 그 모든 스트레스와 짐을 오롯이 받아내면서 인간으로서 망가지지 않았다는 것이 괴상하다. 취재 탓에 생긴 부담과 압박에 이상행동 몇 개쯤 해야 인간이구나 할 텐데, 도리어 신간 팔아 외국 변호사와 탐정 고용해 빨리 취재를 이어가고 싶다 한다.

워드를 못해 현장 브리핑도 제대로 옮겨 전하지 못했던 그는 자신을 기자로서 개차반이었다 평한다. 남들이 매일같이 기사 써낼 때 열 번 취재해 겨우 한 번 기사 써내는 자신을 헛스윙 많은 1할 타자라 말한다. 그는 평범한 10할 기자로서 무능했기에 특별한 1할 기자로서 유능했다. 그 유능함이 진실 보도가 가능함을 보여주었기에 더없이 소중했고, 여전히 그러하다.

더 이상 이 남자에게 뭘 요구하는 건 반칙이다. 다만 감옥가서 편해지겠다는 말만큼은 사절이다. 주진우가 그리 말하면 그건 팩트가 되니까.

범인犯人은 이 안에 없다

초판 1쇄 인쇄 | 2016년 1월 20일
초판 1쇄 발행 | 2016년 1월 27일

지은이 김창규
책임편집 조성우
편집 손성실
마케팅 이동준
디자인 권월화
사진 고려명(강준만)
주하아린(유시민 · 이외수 · 이철희)
기준서(유홍준 · 주진우)
용지 월드페이퍼
제작 (주)상지사P&B
펴낸곳 생각비행
등록일 2010년 3월 29일 | 등록번호 제2010-000092호
주소 서울시 마포구 월드컵북로 132, 402호
전화 02) 3141-0485
팩스 02) 3141-0486
이메일 ideas0419@hanmail.net
블로그 www.ideas0419.com

ISBN 978-89-94502-65-6 03300

책값은 뒤표지에 있습니다.
잘못된 책은 바꾸어드립니다.